여론조작

위기의 시대

즐거운지식 12

여론조작

위기의 시대

이시카와 사카에 지음
이 연, 김경환, 정수영 옮김

이담 Books

머리말

우리 사회 움직임의 템포가 한층 빨라진 것은 아닌가? 2003년 이라크의 자위대 파병을 둘러싼 여론은 반대 여론이 압도적이었다. 그런데 2004년에 들어서서는 찬반 여론이 거의 팽팽히 맞서기도 했다. 여론은 이와 같이 간단하게 급변하는 것인가?

이런 현상에 대해 우리는 진지하게 한번 검토해 볼 필요가 있지 않을까? 사회가 어떤 특정 한 방향으로 과속으로 치달아 멈출 수 없을 정도로 과속하고 있는 것은 아닌지?

사회라고 하는 집단이 일정한 방향으로 급속하게 기우는 경우는 종종 있는 일이다. 그러나 건전한 사회라면 이러한 현상에 대해 의문을 품고 마치 진자의 움직임처럼 원래대로 균형을 회복하기 마련이다.

9·11테러사건 이후 미국 사회는 애국심이 폭발적으로 고양되어 시스템 전체가 크게 흔들리기도 했다. 그 후 오랜 시간이 걸렸으나 오늘날의 미국 사회는 이전으로 돌아가려고 하는 움직임이 보인다. 한때 미국의 미디어는 대테러 일색으로 물들인 듯 보였다. 하지만 실은 그 와중에도 이전으로 돌아가려고 하는 작은 새싹들이 움트고 있었다.

9·11테러로부터 약 2주 후 『크리스찬 사이언스 모니터지』의 대특집, 〈왜 그들은 우리를 증오하는가〉는 그 좋은 예이다.

한 방향으로 과속하고 있을지도 모르는 현대 일본에 대해 이러한 움직임이나 균형을 회복하려는 '새싹'들은 존재하고 있는가? 사회의 유동에는 미디어와 여론이 크게 관여한다. 이러한 입장에서 현재의 일본 상황을 살펴보면 미디어와 여론관계에 대해서 검토해 보지 않으면 안 되는 과제가 떠오르게 된다.

한편, 미디어의 활동은 어떠한 관점에 입각해 논조를 일관적으로 제시하고자 하는 자세를 명확히 하고 있다. 특히 메이저신문에서 논조의 차가 명확해지고 있다. 물론 그 자체가 반드시 나쁘다고만 말할 수는 없다. 미디어가 다양한 견해를 제시하는 상황은 사회 전체에 있어 바람직한 일이기 때문이다. 그러나 일본의 경우 대다수의 가정은 한 종류의 신문만을 구독하고 있다. 따라서 거기에서 입수하는 정보의 편향성이 발생할 가능성이 매우 크다.

게다가 더 큰 문제는 사람들의 의견 형성과정이다. 복잡 다양한 문제가 산적해 있는 지금 각각의 문제에 대하여 스스로 숙고하여 주체적인 의견을 형성하는 것은 상당한 노력을 필요로 한다. 또한 사회 전체의 움직임에 대하여 개인이 간섭할 수 있는 여지가 없다는 무력감도 확산되어, 사람들의 관심도 낮아져 왔다.

그러한 가운데 매일 접촉하고 있는 미디어를 통해 보고 들은 것을 깊이 생각하지 않고, 마치 자신의 생각인 양 받아들이는 경우가 증가하고 있다.

'패로팅(Parroting)'이라고 불리는 이러한 행동은, 가령 신문의 '표제정도'의 정보에 근거하여 그 문제에 대한 자세한 정보는 거의 없이 '누가 물어보면 대답하는' 것이다.

패로팅(Parroting)이 증가하면 신문이나 텔레비전의 논조 변화와 더불어 '여론'은 간단히 변화한다. 미디어가 여론을 만들고 그 여론에 따라 세상이 움직이는 상황이 생겨나는 것이다.

그리고 그러한 상황 속에서는 균형을 회복하는 움직임의 싹은 자라지 않는다.

이 책은 이러한 상황분석의 한 시도이다.

이시카와 사카에(石川 旺)

목 차

제2부 전후 일본 미디어의 궤적

제 1 부

여론의 출발점

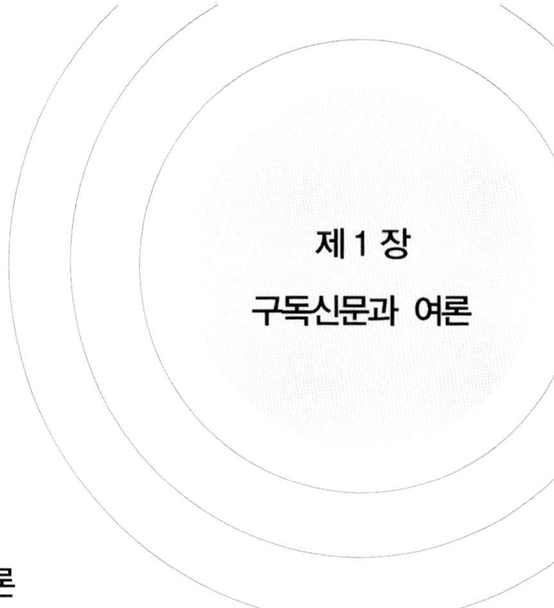

제1장
구독신문과 여론

1. 미디어에 의해 조성된 여론

고이즈미(小泉純一郎) 내각의 지지율은 발족 당시, 각종 여론조사에서 모두 80%를 넘었다. 기록적인 고지지율이었다. 그 후에 하락하긴 했지만 여전히 40%대의 높은 지지율을 유지하고 있었다. 이러한 지지의 의미를 어떻게 보아야 할 것인가.

그의 짧고 솔직한 코멘트 퍼포먼스에 매혹된 경우도 있을 것이다. 종래의 정치에는 없었던 것을 '왠지 모르지만 매력으로 느꼈기 때문'일 수도 있을 것이다. 그중에는 '여론조사에서 지지율이 높기 때문'인 경우도 있을 수 있다.

만약, '당신은 고이즈미 내각을 지지합니까?'라는 질문을 받았을 때, 우리는 '지지', '비지지'에 각각 대답한다. 그 대답은 우리들 각자의 '의견'으로서 취급된다. 그러나 그 의견은 도대체 어디서부터 나온 것일까. 좀 더 깊이 생각해 보면 그러한 의견이 어떻게 형성되었는지는 명확히 파악하기가 어렵다.

내각의 '지지'와 '비지지'의 이유로서, 예를 들어 '경제정책'을

드는 사람이 있을지도 모른다. ‘경제정책이 그다지 좋지 않으니까’
라는 이유로 비지지를 표명하는 사람이 있을지도 모른다. 그런데
경제정책이 좋지 않다는 것은 무엇을 근거로 판단한 것일까. 주식
때문인가, 아니면 금융기관의 위기적 상황 때문인 것인가.

그것을 파악하고 있으면 그 의견의 형성과정을 이해할 수 있다.
그러나 많은 사람이 ‘왠지 모르지만 분위기’에 의해 고이즈미 내각
에 대한 지지와 비지지를 결정하고 있을 가능성이 있지는 않은가.
그 경우 ‘왠지 모르지만 분위기’라는 것에, 매스미디어가 크게 관
계되어 있는지 모른다.

자민당의 총재선거 단계부터 미디어는 당시의 고이즈미 후보가 제
시한 ‘개혁’이라는 슬로건을 반복해서 보도했다. 이로 의해 사람들이
무엇인가가 변할지도 모른다는 기대감을 가지게 된 것이다.

실제로 고이즈미 내각은 발족 시에 극단적인 비인기속에 퇴진한
모리 내각의 각료 중 반 이상을 유임시켰다. 그 시점에서 이미 ‘개
혁’의 이념은 어긋나게 되었다고 보아야 할 것이다. 그러나 취임
초기부터 미디어 노출이 빈번했던 고이즈미 수상이 때때로 입에
담는 짧고 알기 쉬운 코멘트를 각 미디어는 크게 다루어 반복해서
보도했다. 이러한 수상의 미디어 대책에 의해 ‘왠지 모르지만 분위
기’가 양성된 것이다.

내각지지율과 같은 중대한 사안에 대해, 미디어는 종종 여론조
사를 실시해 그 결과를 대대적으로 발표한다. 우리들은 그 결과를
단서로, 전체적으로 사람들 의견의 대세가 어디에 있으며, 사회 전
체는 어떠한 방향을 향하고 있는가를 알 수 있다. 그러나 이러한
생각을 할 때, 우리들의 ‘의견’은 이성적인 판단의 결과라는 전제

가 필요하다. 그리고 그러한 전제를 충족시키기 위해서는 중요한 사안에 대하여 충분한 정보를 갖추고 있어야만 한다. 개개의 사안에 대하여 다각적인 정보 획득이 가능하면, 우리는 그 정보를 활용하여 이성의 산물로서 스스로의 의견을 형성하는 계기를 가지게 된다. 민주주의 사회에 있어서 자유롭고 독립된 미디어가 중요시되는 것은 바로 그것 때문이다.

지금의 일본사회를 고려하면, 다양한 쟁점에 대해서 이러한 전제들을 다시 한 번 검토해 볼 필요가 있다.

① 우리는 정보를 활용하여 이성적인 판단을 수행하고 있는가?

② 미디어는 질 높은 정보를 충분히 제공하고 있는가?

③ 미디어가 형성한 분위기로 인해 우리들의 의견이 좌우되고 있지는 않은가?

2. 내각 지지율에 나타난 불가사의한 격차

2003년 7월에 도쿄 세타가야구와 스기나미구가 성인을 대상으로 여론조사를 실시했다. 그 결과 아래 〈표 1〉과 같이 고이즈미 내각의 지지율은 51.2%로 나타났다. 처음보다 낮아지기는 했지만 여전히 높은 수준이었다. 하지만 이것을 다른 분류 기준에 따라 그룹을 나누어 개별 그룹에서의 지지율을 계산해 보면 고이즈미 내각의 지지율은 달라진다.

한 그룹에서는 지지율이 44.5%, 비지지율이 46.3%로 비지지율이 지지율보다 2%가량 높았다. 다른 그룹에서는 지지율이 58%, 비지지율이 29%로 지지율이 비지지율을 30%가량 상회하고 있어, 거의 두 배에 가까운 수치를 나타내고 있었다.

내각을 비지지자가 지지자를 2% 앞서고 있는 사회와, 지지자가 비지지자를 30% 앞서고 있는 사회는 평범하게 생각해 보아도 완전 다른 사회다. 여론이라는 관점에서 말하자면 거의 상반된 상태라고 할 수 있다.

여기에서 그룹을 나누는 데 사용한 분류 기준은 각 세대의 구독신문이다. 전자의 그룹은 아사히신문 구독세대, 후자의 그룹은 요미우리신문 구독세대다. 참고로 마이니치신문 구독세대는 지지율 51.3%, 비지지율 43.8%로 앞의 두 신문의 중간 정도로 아사히신문 쪽에 약간 근접한 결과를 보였다.

표1 구독지와 고이즈미내각 지지율

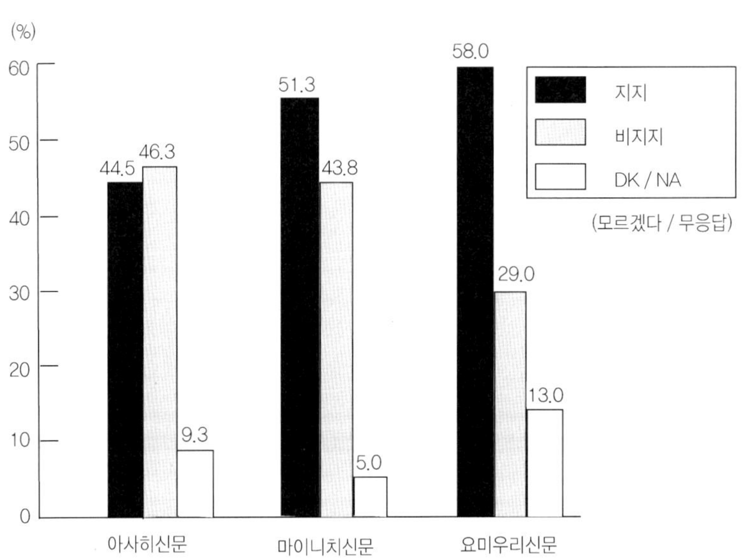

이러한 차이는 어디에서 오는 기인하는 것일까? 가장 타당한 것은 아사히신문과 요미우리신문의 기사의 내용이 다르고, 독자들도 각각 구독하는 신문기사의 내용에 의해서 크게 영향받고 있는 것은 아닌가 하는 추측이 가능하다.

실제 요미우리신문은 자민당정권에 대하여 긍정적인 논조가 지배적이라는 것은 잘 알려진 사실이다. 고이즈미 정권의 발족 당시에는 역대 자민당 정권만큼 강하게 지지하지는 않았다고 하지만, 그럼에도 불구하고 다른 신문과 비교하면 전체적으로 자민당 정권에 대해 호의적인 논조였다. 특히 2003년 이후 고이즈미 내각에 대한 논조가 호의적인 방향으로 바뀌었다. 이러한 점이 요미우리신문 독자들의 요미우리신문에 대한 높은 지지율의 배경일 것이다.

일본의 가정은 압도적으로 한 종류의 전문지만을 구독하는 경우가 많으며, 복수의 신문을 구독하는 세대는 극히 소수다. 이번 조사에서도 복수신문 구독세대는 전체의 5% 미만이었다. 만약, 각 신문사의 논조가 다르다면 한 종류의 신문만을 읽고 그 논조만을 정보로서 받아들이는 것은 극히 위험한 상황이다.

다양한 문제에 대해서 단일의 정보원에 의존하는 것이 아니라, 복수의 정보원을 체크하는 것이 흔히들 말만하는 일반적 상식이라 한다. 실제로 우리 생활에서 토지를 매입한다거나 자동차를 바꾸는 등의 중요한 결정을 할 때, 우리들은 다양한 정보를 다각적으로 체크한다. 그러나 정치의 중요한 부분에 대해서 복수의 정보원을 체크하는 경우는 아직까지 일반화되어 있지 않다. 대다수의 세대에서는 한 종류의 신문만을 구독한다. 그러한 배경에는 일본의 신문은 대개 비슷하고 각 신문이 '공정·중립'을 추구하고 있다는 '신화'가 강하게 자리하고 있기 때문이다.

그러한 신화를 근거로 한 종류의 신문만을 구독하는 경향이 형성된 가운데, 압도적인 발행 부수를 자랑하는 유력지의 논조는 분명히 현 정권에 대해 긍정적인 입장을 보이고 있다.

그리고 같은 요미우리신문 독자 중에서도 하루에 신문을 15분 이하밖에 읽지 않는 사람들의 고이즈미 내각 지지율은 55.1%였던 반면에, 매일 156분 이상 읽는 사람의 지지율은 58.7%로 나타났다. 신문을 읽는 시간이 긴 쪽이 더 많은 영향을 받기 때문이라고 생각할 수 있겠지만, 이러한 단순한 수치 격차는 통계학적으로 그 의미가 미약하다.

따라서 '고이즈미 내각에 대한 높은 지지율에 요미우리신문의 논조가 크게 기여했다.'라고 하는 가설을 검토해 볼 필요가 있다. 이 가설이 사실이라면 다른 많은 문제에 대해서도 아사히신문, 마이니치신문, 요미우리신문의 구독자 사이에 상이한 데이터를 얻을 수 있을 것이기 때문이다.

3. 논조의 차이와 한 종류의 신문만을 구독하는 습관

가장 먼저 필요한 작업은 각 신문의 논조에 차이가 있다는 점을 확인하는 것이다. 현재 일본의 유력지는 '공정·중립'이 아니다. 거대 미디어는 가끔 '공정·중립', '객관보도'라는 슬로건을 스스로 표방하고 있다. 그러나 현실의 문제로서 생각해 보았을 때, '공정'

과 '중립'의 개념은 상당히 애매하다. 이러한 명확하지 않은 개념이 일상 실천 속에서 구체화되기는 힘들다. 예를 들면 오늘날의 경우 '공정·중립'이란 개념은 의견이 대립되는 문제에 관해서는 쌍방을 공평하게 다룬다는 것으로 보도기관에 지침화되어 있다. 그러나 실태는 단순한 양론병기(兩論倂記)에 지나지 않는다. 양론병기와 '공정·중립'과의 사이도 거리가 있다. 이 부분에 대해서는 뒤에서 자세히 말하기로 하겠다.

일본의 유력지는 2차 대전 이후 이러한 '공정·중립', '객관보도'라고 하는 슬로건을 강하게 어필해 왔다. 그로 인하여 독자는 아사히신문, 마이니치신문, 요미우리신문 등은 어느 것을 읽어도 그다지 내용의 격차가 없다고 믿어 그중 하나만을 읽으면 세상사를 대강 알 수 있다고 생각해 왔다. 그 결과 복수의 신문을 구독할 필요가 없다고 누구나 믿게 될 것이다. 경우에 따라서는 매월 구독하는 신문을 바꾸는 독자도 있다. '바꿀 때마다 판매점에서 경품을 주니까?'라는 것이 그 이유다. 이러한 행동의 배경에는 유력지는 어느 것을 읽어도 그 기사내용이 같을 것이라는 생각이 있다.

하지만 일본의 신문을 비교해서 읽어 보면 사건을 다루는 방법이나 논조에 큰 차이가 존재한다. 예전에 이러한 논조의 차이가 좀 더 적었다는 생각이 든다. 1950~1970년대의 신문을 비교해서 읽어 보면 지금에 비해 현저히 각 신문의 논조 차이가 적다는 것을 알 수 있다. 이러한 상황에 변화가 생기기 시작한 것이 20세기 마지막의 십수 년이었다. 구체적으로 말하면 그동안 요미우리신문은 아사히신문, 마이니치신문 등과 명백히 다른 논조를 펼쳤다.

그러한 것 자체는 바람직한 일일지도 모른다. 미디어가 다양한 문제들에 대해 다양한 논조를 전개하는 것은 독자들이 다양하고 풍부한 정보를 얻을 수 있는 가능성을 뜻하기 때문이다. 단지 현재의 문제는 우리들의 대부분이 유력지는 모두 공정·중립의 입장을 지키며, 의견이 대립하는 문제에 대해서는 쌍방을 공정하게 다루어 균형 있는 논조를 전개하고 있다고 믿고 오해하고 있기 때문이다.

하지만 현상은 그렇지 않다. 각각의 신문 사이에는 분명한 논조의 차이가 있다. 따라서 한 종류의 신문에만 의존하여 그것을 정보원으로 삼아 사회에서 일어나는 현상들을 이해하려고 한다는 것은 오늘날에 있어서는 그다지 현명한 방법이 아니다.

더욱 문제인 것은 우리들의 대부분이 단일의 정보원을 활용하여, 그 정보원의 논조로부터 무의식중에 영향을 받으면서도 다양한 쟁점에 관한 의견을 형성하고 있다고 생각하면서 특정한 논조를 강력하게 전개하거나 혹은 캠페인까지 벌이는 등의 활동이 오늘날 일어나고 있다는 것이다. 그러한 논조의 전개나 캠페인의 결과로서 여론이 형성되어 가고 있다고 한다면, 거기에서는 분명히 많은 문제점이 있을 것이다.

4. 수상의 야스쿠니신사 참배에 대한 논조의 차

패전기념일 수상의 야스쿠니신사 참배는 항상 문제를 불러일으킨다. 이 점에 대해 공적 참배, 사적 참배라고 하는 구별이 거론되기도 한다. 그러나 무엇이 공적 참배이고 무엇이 사적 참배인지는 애매하다. 현직 수상이 패전기념일에 야스쿠니신사를 참배한 것은 1975년 미키 다케오 수상이 처음이었다. 그 당시 미키 전 수상은 '개인적으로' 참배한 것이었다고 말했다. 그 후 '공적 참배', '사적 참배' 논의가 일어나, 1985년에 나카소네 야스히로 수상이 '공식적으로' 참배하여 문제가 불거진 경위가 있다.

여론조사를 실시할 때에 이러한 '공적', '사적'이라는 기준을 사용하면 데이터가 불안정해질 가능성이 있다. 그래서 확실하게 '참배를 해서는 안 된다.'라는 의견을 수집, 비교해 보았다.

그 결과, 수상의 야스쿠니신사 참배에 명백히 부정적인 견해를 밝힌 것은 아사히신문 구독자가 30.7%, 마이니치신문 구독자가 17.5%, 요미우리신문 구독자가 14.3%였다.

이러한 수치의 배경이 되는 각 신문의 논조는 어떠한 것인가?

2001년 8월 참배, 뒤이어 2002년 4월 시기를 앞당긴 참배에 대하여 각 신문의 논조를 분석해 보았다. 아사히, 마이니치, 요미우리신문 사이에 현저한 차가 나타났다. 먼저 2001년 8월의 참배에 대하여 살펴보면 기사 수에 차이가 있었다. 아사히신문의 경우는 기사건수가 157건, 사설이 5건이었다. 마이니치신문의 경우는 기사가 114건, 사설이 1건이었다. 이에 비해 요미우리신문의 경우는 기사는 단 30건, 사설은 2건이었다.

아사히신문은 8월 14일자 사설의 표제에서 〈이것이 숙려의 결과인가〉라고 강력한 비판론을 전개했다. "수상의 야스쿠니신사 참배는, 헌법 20조의 정교분리원칙에 비추어 보아도 부적절하다."라고 하는 동시에, 중국·한국과의 관계에 입각하여 13일에 참배한 것을 두고 "고이즈미 준이치로 수상이 말하는 숙고에 숙고를 더한 후의 결단이 이것인가."라고 비판하였다.

마이니치는 8월 14일자 사설에서 수상의 참배는 일정을 13일로 앞당긴 것으로 보아 "고뇌의 흔적은 보이나, 내외의 비판을 납득시킬 수 있는 행동은 아니다."라고 유족회와 수상의 관계를 언급한 후, 전부터 사적으로 야스쿠니신사에 참배를 해 온 고이즈미 수상이 그 연장선상에서 '실행해 옮긴 참배'에 대해 "일국을 대표하는 수상으로서 국제적으로 통용되지 않는 점을 이해하지 못하고 있었다."라고 논하였다. 또한 A급 전범이 합사(合祀)되어 있으며 전쟁 전 군국주의의 정신적 지주였던 신사의 참배가 어떠한 정치적 의미를 가지고 있는지에 대한 의구심과 인접국가와의 관계 등을 지적했다.

요미우리는 수상의 참배 전인 8월 9일자 사설에서 〈수상은 참배를 그만둘 수 없다〉라는 표제로 "이렇게 전개된 이상, 이제 수상은 야스쿠니신사 참배를 그만둘 수 없을 것이다. 그만둔다면 자민당총재선거 당시부터 강력하게 내세우고 있던 '신조'를 외국의 압력에 의해 굽히는 것이 된다."라고 논조를 전개하였으며, 참배 후의 8월 14일자 신문에서는 〈시기를 앞당긴 참배는 적절한 정치적 판단이다〉라는 표제하에 '폭넓은 국익'을 종합적으로 판단한 "현명한 정치판단이었다고 할 수 있다."라고 하였다.

2002년 4월 시기를 앞당긴 참배는 한국과 공동개최하는 월드컵 대회를 의식하여 이루어졌다. 참배에 대하여 아사히신문은 기사 35건과 사설 1건, 마이니치신문은 기사 6건과 사설 1건, 요미우리신문을 기사 9건과 사설 1건을 게재하였다.

아사히신문은 한국과의 월드컵 공동개최를 앞두고 한·일 관계에 또다시 찬물을 끼얹는 행위라고 하며 〈어째서 수상은 집착하는 것인가?〉라고 4월 22일자 사설에서 비판하였다. "전쟁에서 가족과 전우를 잃은 이들이 이곳을 방문하여 넋을 위로하는 것은 자연스러운 것이다. 고이즈미 수상이 혼자서 조용히 참배하는 것이라면 반대할 이유가 없다. 하지만 수상이 공공연히 참배하는 것이라면 이야기는 달라진다."라고 기술하고 있다.

마이니치신문은 참배에 대해 걱정하는 한국인과 중국인들의 목소리를 게재하며, 헌법문제에도 초점을 맞추었다. 4월 23일자의 사설에서는 〈당돌(唐突), 고식(姑息), 경솔·착각〉이라는 표제에, "이번에도 '숙고'라는 말을 하면서 제사 일에 맞추어 참배를 행한 '내각총리대신'이, 헌법의 정교분리에 저촉될 것은 숙고하지 않았는가. 종전기념일에는 가지 않는다고는 하나, 군국주의와 결별하여 민주주의의 국가가 되고자 하는 우리들의 맹세에 반하는 행동은 아닌가."라고 기술하고 있다.

요미우리신문 사설은 4월 22일자에서 〈나카소네 이전으로 되돌아간 것뿐〉이라는 표제로, "수상의 갑작스러운 야스쿠니신사 참배는 차문하고 조용한 환경에서 참배하고 싶어 하는 정치적인 지혜에 따른 것이다."라고 기술하고 있다.

이와 같이 야스쿠니신사 참배문제에 관해서 각 지의 논조는 크게 차이가 있으며 이것이 구독자의 의견에 크게 영향을 미쳤다고 생각할 수 있다.

5. 원자력발전소 문제에 대한 태도

원자력발전소에 대해서는 수많은 논쟁이 있었다. 에너지원으로서의 효율성 문제, 사고의 위험성, 방사성 폐기물 처리의 문제 등등 오랜 기간에 걸쳐 논쟁이 펼쳐져 왔다. 2003년 여름, 한여름의 전력수요를 충당하기 위해 사고로 정지되어 있던 원자력발전소의 재가동이 논란이 되었다.

이 문제에 대해서 아사히, 마이니치, 요미우리 각지의 논조를 분석하였다. 아사히신문을 살펴보면, 57건의 표제 중에서 재가동에 명확히 찬성하는 표제는 없었고 명확히 반대하는 표제가 10건이었다. 또한 기사의 내용을 보면, 재가동을 명확히 지지하는 내용은 없었고, 반대를 표명하고 있는 것이 2건이었다.

마이니치신문의 경우는, 표제 47건 중 재가동을 지지하는 내용은 19건, 반대하는 것이 16건이었다. 또한 기사 내용은 47건 중 재가동을 찬성하는 것이 5건, 명백히 반대하는 것이 10건이었다. 6월 23일의 사설, 〈'대정전'은 정말로 위험한가〉, 7월 23일의 사설 〈절전의식은 ON으로〉 등을 통해 원자력발전에 대한 의존도의 크기를 문제화하고 있는 것이 눈에 띄었다.

반면, 요미우리신문은 관련기사가 극히 적었다. 표제를 보면 총수 24건 중에서, 명확히 재가동을 지지한 것은 14건, 반대한 것은 0건이었다.

전체 기사를 보면, 마이니치신문은 폭넓게 시민운동과 주민들의 동향에 주목하고 있었다. 따라서 분석대상 기사가 경제면만이 아니라 종합면과 사회면에도 분포하고 있었다. 아사히와 마이니치는 이 문제를 정치적 혹은 사회적 문제와 결부시켜 논조를 펼쳤다. 이에 비해서 요미우리는 주민운동 등은 전혀 다루지 않았다. 그리고 이것이 바로 요미우리의 기사 전체의 수가 적은 이유다. 또한 기사도 경제면에 집중되어 있었다. 즉 요미우리는 원자력발전소문제를 단순히 경제문제로서 다루었다.

전체적으로 살펴보면, 아사히신문은 이 문제에 대하여 찬성과 반대 양론을 아우른 기사가 주류를 이루어 명시적인 결과는 거의 보이지 않는다. 마이니치는 그에 대해 반대를 명시한 기사가 가장 많았다. 요미우리는 반대로 찬성을 명시한 기사가 가장 많았다. 이 점은 각 신문의 원자력발전소에 대한 전통적인 태도와 깊은 관련이 있다고 생각할 수 있다. 요미우리신문을 창간한 쇼리키 마츠타로가 일본에 원자력발전소를 도입했다고 하는 경위로 미루어 보아 요미우리신문이 원자력발전에 대해 찬성하는 논조를 펼쳐 왔다고 하는 것은 의심의 여지가 없다. 또한 아사히신문에는 원자력발전 관계 분야에서 활약한 스타 기자가 있으므로 그에 의해서 논조가 일정한 방향으로 생성된 것은 아닌가 하고 생각해 볼 수 있다. 이러한 각 신문의 편집경향이 원자력발전에 대한 독자의 의견을 형성하고 있을 것으로 생각된다.

앞으로 원자력발전 대해서 적극적으로 추진할 것인가, 폐지하는 방향으로 나아갈 것인가를 묻는 질문에 대해서 아사히신문의 구독자 중에서는 34.9%, 마이니치신문 구독자 중에서는 32.5%, 요미우리신문 구독자 중에서는 45.4%가 적극 추진의 의견을 표명했다.

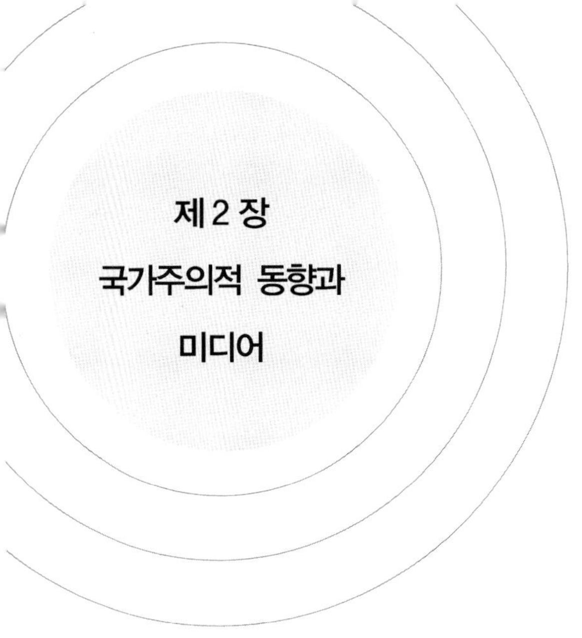

1. 국가주의의 대두

최근 몇 년 동안, 일본사회에서는 국가주의적 경향이 두드러지고 있다. 새로운 역사교과서를 둘러싼 논쟁, 국기나 국가를 둘러싼 논쟁, 유사시를 상정한 법제도의 정비, 자위대의 해외파병 등 논점은 다양하다. 제2차 세계대전 이후 계속해서 최대의 쟁점이 되어 왔던 일본 헌법 개정에 관한 논의나 교육문제에 관한 논의도 이러한 동향과 깊은 관련이 있다. 다만 여기서 강조되고 있는 것은 개인이 아니라 공동체다.

1999년 1월 1일 요미우리신문은 사설 〈왜곡된 '전후 민주주의'의 궤적을 고치고 활력 있는 일본의 진로를 열자〉를 게재하면서 다음과 같이 지적했다.

"'전후 민주주의'의 세 가지 큰 잘못.
현재의 위기는 일본사회가 도처에서 '활력'이 없어지고 있다는 것에 최대의 원인이 있다. 왜 일본의 활력은 저하되었는가? 제2차 대전 후의 일본은 제국주의, 전체주의를 벗어나서 민주주의국가로 거듭났다. 민주주의의 정착이 지금의 일본과 같이 평화롭고 풍족한 국가로 발전시킨 기반이 된 것은 의심할 여지가 없다. 반면, 냉전하에서 당시 중국과 소련으로 대표되는 사회주의 세력과 여기에 동조하는 '진보적 문화인'이라고 하는 사람들의 영향으로 본래의 민주주의와는 상이한 일본만의 독특한 '전후 민주주의'라고 하는 불건전한 성격을 가진 사상도 퍼졌다. 이러한 '전후 민주주의'의 불건전성은 다음과 같이 세 가지로 요약된다.

1. 전쟁은 국가가 일으켰고, 그러므로 국가 권력은 나쁘다고 하는 논거로 국가를 적시하고 나아가서 의무를 게을리해 권리만을 주장하는 무책임한 풍조를 불어넣었다.
2. 공평한 기회뿐만 아니라 결과의 평등을 추구하는 평등지상주의라고도 할 수 있는 잘못된 개념을 새로 만들어 냈다.
3. 사회주의국가는 평화세력이고 미국은 전쟁세력이라고 하는 편견에 서서 미·일 안보 반대를 선동하여 일국 평화주의를 침투시켰다.
이것들은 모두 일본이 활력을 잃고 국난의 소용돌이 속에서 방황을 거듭하고 있는 근원적인 요인이다. 그러나 지금도 이러한 폐해를 폐해로 여기지 않고 당연한 것으로 생각하는 사람이 적지 않은 것 같다. 이렇게 편향된 경향이 있는 마인드 컨트롤 상태를 극복하는 것이 일본 재활성화의 급선무다."

하지만 위의 사설은 몇 가지 문제점이 지적된다. 일본이 전후 진정으로 민주주의국가로 다시 태어났는가에 관해서는 여러 논의가 있을 수 있다. 이 부분에 대해서는 나중에 자세히 다루기로 한다. 먼저 사회주의 세력과 이것에 동조하는 지식인에 의해 민주주의가 불건전한 사상으로 퍼져 갔다고 하나 사회주의 세력이나 지식인이 그 정도의 힘이 있었는가라고 하는 것이 우선 첫 번째 의 문제이다. 거듭된 초A급의 부패 사건에도 불구하고 보수정권은 정권을 잃어버린 적이 없었다. 그리고 이러한 보수정권하에서 미디어는 거대화의 길을 걸어왔다.

이러한 미디어가 사설을 싣고 사람들의 자세를 비판하는 것은 본말 전도다. 현재와 같은 일본의 상태를 비판한다면 더욱 큰 힘을 보유하고 행사해 온 대상들로 향해져야 한다. 사설에서는 "전쟁은 국가가 일으켰으므로 국가권력은 나쁘다는 논거로 국가를 적대시했다."라고 말하고 있다. 제2차 세계대전 이전에는 이러한 비판이 어느 정도 들어맞았을 것이다. 하지만 이러한 사고방식이 전쟁 후에도 계속해서 남아 있다는 것은 전쟁 후의 국가 책임이다. 전쟁 후 국가는 전쟁 전과는 다르게 다시 태어났고 국가권력은 악이 아니라는 것을 국가가 사람들에게 납득시킬 수 없었다는 것에 지나지 않는다.

보수정권하에서 반복된 부패, 권력을 둘러싼 항쟁, 국민부재를 느끼게 했던 여러 가지 사건이 국가권력에 대한 반감을 키워 왔다. 그리고 반감을 가지면서도 세계정세에 얽혀 이러지도 저러지도 못했던 무력감을 사람들은 통감했다. 재무장에 대한 의문, 안보조약에 대한 의문 등이 있었지만, 그 실태는 민주주의적 절차에 의해 합의를 형성하지 않고 진행되어 왔다. 이러한 상황에서 국가권력에 대한 비판이 강하게 대두되는 것은 당연하다.

국가권력에 대한 비판과 대한 비판과 는 어떤 밀접한 관련을 갖는 것일까. 애초 일본인은 권리의식이 낮다고 자주 지적되고 있으나, "의무를 게을리하고 권리만을 주장한다."라고 하는 것은 구체적으로 무엇을 말하는 것인지를 살펴보기로 한다.

2. 정권의 의도와 거대 미디어

거대 미디어의 신년 사설에서도 이러한 국가주의에 이어지는 논리가 전개되고 있다. 왜 이처럼 일본사회에서 국가주의적 경향이 두드러지기 시작한 것일까. 이 점에 관해서는 여러 가지 분석이 있을 수 있다. 오랜 기간 계속된 보수정권하에서 1980년대부터 1990년대까지 점차 국가주의적 경향이 강해진 것은 확실하다. 버블경제가 무너지고 나서부터 국가 전체가 혼란에 빠진 것도 그 배경의 하나다.

이러한 혼란에서 벗어나려고 하는 노력이 국가주의적인 사고방식으로 이어지고 있다고도 생각할 수 있다. 사회 전체로서 일이 잘 풀리지 않을 때 국가가 보다 강력하게 사람들을 결속시키는 형태로 사회 전체의 통합을 되찾을 수 있다면, 여러 문제가 해결될 수 있지 않을까 하는 생각을 하는 것은 충분히 가능하다.

생각했던 것처럼 일이 진행되지 않을 때 그 창끝을 지시를 따르지 않는 사람들에게 돌려 책임을 전가하는 것은 흔히 있는 일이다. 일본의 경우 주도적인 위치에 있는 사람들의 눈에는 일들이 잘되지 않는 특히 젊은 사람들이 똑바로 하고 있지 않기 때문이라고 비쳤을 것이다. 젊은 사람들의 자기포기나 방탕, 향락을 꾸짖는 대신, 근면과 통제에 복종하도록 만들려는 움직임들이 구체화되었다. 애국심의 강조, 봉사심의 강조 등은 이들의 구체적인 표현이다. 이것은 모두 개인의 자제, 사회에의 공헌, 희생 등을 강조한다. 그리고 희생을 귀한 것으로 찬미하고 장려하는 태도가 국가주의의 기본적인 사상·이데올로기다. 이러한 국가주의적 경향을 보수정권은 강력하게 추진해 왔다. 이것이 정권유지의 기반이며 방법론이었다.

이와 같은 보수 정권의 의도에 대하여 미디어는 보수정권과 밀접한 관계를 맺고, 경우에 따라서는 정권에 앞서가는 형태로 국가주의적 이데올로기를 강조해 왔다. 헌법 개정에 관해서도 개정안을 미리 제시하고 교육기본법에 대하여도 구체안을 사전에 제시했다. 그 내용도 국가주의적 색채를 매우 강조하고 있었다. 확실히 이러한 쟁점들은 향후 일본의 미래를 생각한다면 중요한 문제이고 한 사람 한 사람이 정확하게 의견을 가질 필요가 있는 문제다. 그러나 앞에서도 말했듯이 1개 신문 구독이 지배적인 일본의 정보환경 속에서 거대 미디어가 이러한 입장을 명백하게 취했을 경우 그 자체가 여론을 일정방향으로 움직일 가능성이 있다. 따라서 미디어의 논조를 분석하여 미디어와 국가주의적 여러 쟁점에 관한 사람들의 의견 형성과의 관계를 인식·파악해 둘 필요성이 제기된다.

만약 일본이라는 국가가 장래 다시 국가주의적 방향으로 폭주하여 전쟁을 일으킨다고 한다면 그 시대 이후의 미디어역사 연구자는 1980년대에서 2000년대에 걸친 미디어의 태도를 문제시할 것이다. 현재 우리들이 매일 정보원으로 접하고 있는 미디어는 이와 같은 심각한 위험성을 지니고 있다.

각각의 미디어가 다양한 견해를 제시하는 것이 본래 미디어의 바람직한 기능이다. 그러나 1개 신문 구독이라는 사회상황을 이용하는 형태의 캠페인은 비판의 대상이 될 것이다. 유력한 미디어에 의한 캠페인은 '에이즈 박멸'과 같이 사회의 거의 모든 사람이 합의하는 문제에 관하여 행해져야 한다. 여론이 두 부분으로 나누어지는 쟁점에 관하여 유력한 거대 매스미디어는 한쪽을 지지하는 캠페인을 전개해서는 안 된다.

요미우리신문이 1994년 2월 3일에 공표한 「헌법개정안」에서는 헌법 제9조의 개정이 전면에 강조되고 있으나 그 외에도 "현행 헌법 전문은 타인에게 맡긴 것이므로 바꿀 것", "천황에 원수의 지위 부여", "군사적 측면을 포함하여 국제 공헌을 가능하게 할 것", "훈장 등 영전에 연금·일시금의 지불", "집회·시위의 자유를 표현의 자유와 분리", "헌법개정을 국민투표 불요로 할 것" 등의 내용이 포함되어 비판받고 있다.

그러나 현실에서 이와 같은 캠페인이 반복적으로 강력하게 실시되어 국가주의를 추진하는 법정비가 진행되어 온 것은 최근 몇 년간의 상황일 뿐이다. 여기에서 이와 같은 상황을 분석하고 현상을 파악할 필요가 있다.

3. 구독신문의 논조와 구독신문과의 관계

구독지의 논조가 우리들의 의견 형성에 영향을 미치고 있다는 것을 검증하기로 한다. 데이터는 앞에서 말한 여론조사에 의하여 수집, 분석하였다. 기본적으로는 몇 가지의 쟁점에 관해 의견을 묻고, 의견의 분포를 구독지별로 비교 분석하여 통계적으로 의미가 있는 것을 다루었다.

이와 같은 성격의 데이터 해석은 두 가지 가능성이 존재한다. 하나는 나타난 의견의 차이는 구독지에 의한 것으로 구독지의 논조 차이가 우리에게 영향을 미쳐 의견의 차이를 생기게 한다는 해석이다. 다른 하나는 본래 우리들 사이에는 여러 의견이 있어서 우리는 자신의 의견에 가까운 신문을 구독하고 따라서 구독지에 따라 의견이 상이해진 것이 아니라 의견의 차이에 의해서 구독지의 선택이 다르게 되었다는 해석이다. 또한, 구독지별로 나타난 의견의 차이는 신문과는 전혀 관계가 없는 다른 요인에 의한 것이라는 정도도 이론적으로는 성립하나 여기서는 현실성을 가질 수 없다. 그렇다면 앞의 두 가지 중 어느 것을 선택하느냐의 문제로 귀결보다.

먼저 일본의 가정은 왜 압도적으로 한 신문을 구독하는가에 관하여 살펴보기로 한다. 신문 독자의 상당수는 일본의 거대 신문이 대개 지면 구성이 비슷하기 때문에 1개 신문의 구독으로 충분하다고 생각한다. 그러나 이러한 상황에서는 자신의 의견에 따라 특정 논조의 신문을 선택, 구매하고 있다고는 생각하기는 어렵다.

또한, 나중에 다루겠지만 요미우리신문의 경우 논조를 선명하게 드러내기 시작한 것은 1980년대 이후다. 그리고 논조를 선명하게 함으로써 여론조사의 데이터에 나타날 정도로 독자가 큰 폭으로 이동한 자료도 없다. 논조가 변화해도 많은 독자가 그대로 구독을 계속하고 있다는 것은 보유하는 의견에 의해 구독지를 선택하는 행위가 일본의 미디어 상황 가운데서는 일반적인 것이 아니라고 생각할 수 있다.

다음의 분석은 구독지의 논조가 우리들의 의견에 영향을 미친다는 입장에서의 분석이다. 각각의 신문논조의 분석은 앞의 야스쿠니 문제 등과 같은 절차를 따랐다.

4. 헌법 개정

　제2차 세계대전이 종료되고 나서 일본은 새로운 사회체제로 지금까지 발전해 왔다. 이러한 사회체제의 기반이 되어 온 것이 헌법이다.

　일본 헌법은 제9조에 전쟁의 포기를 명기하고 있다. 이 조항은 일본의 헌법을 세계적으로 매우 독특한 것으로 특징지어 왔다. 그리고 헌법 제9조를 둘러싼 법리 논쟁이 전후 일본에 있어서 항상 최대의 쟁점거리가 되어 왔다. 헌법 제9조가 쟁점이 된 직접 원인은 실제로서는 일본이 군비의 재건을 실시했기 때문이다. 헌법 조문이 명확하게 무력을 갖지 않는다고 규정했음에도 일본은 다시 군대를 가졌다. 그 계기가 된 것이 한반도에서 일어난 한국전쟁이었고 한국전쟁 대처의 일환으로서 연합군총사령부는 일본의 군비 재건을 진행시켰다.

　맥아더는 일본에 평화 헌법을 가져왔다고 일컬어진다. 그러나 평화 헌법은 미군정이 일본에 강요한 것이라는 비판도 있다. 헌법 개정에 관한 논자 중에는 이것이 강요에 의한 것이라는 점을 논거로 하여 '자주헌법제정'이란 주장을 전개하는 사람도 있다.

　그러나 헌법 제9조가 강요에 의한 것이라고 주장하려면 일본의 군비 재건도 강요에 의한 것이라고 논의하지 않으면 불공평하다. 강요를 이유로 헌법을 배제하려면 강요에 의한 자위대도 배제하는 것이 논리적이다.

　아무튼 일본은 제9조라는 명확한 헌법조문을 가지면서도 무력을

보유하게 된다. 여기에서 헌법 제9조를 둘러싼 긴 논의가 출발한
다. 자위대를 위헌이라고 할 것인가 아니면 헌법의 규정 범위 내로
판단할 것인가가 반복해서 논의되어 왔다. 실제로 자위대가 이미
엄연히 존재하는 진실로부터 자위대는 헌법 규정의 범위 내라는
사고가 여러 형태로 제기되어 왔다. 자위대의 실태가 비대화하여
해석 차원의 범위를 넘어선 것과 맞물려, 이를 현실에 맞는 형태
로 헌법을 개정하고 자위대가 충분히 활동할 수 있도록 주변 환경
을 정비해야 한다는 주장이 점차 커져 왔다.

소위 개헌논의의 강조는 20세기 후반의 일본에 있어 사회 상황
의 큰 변화를 상징한다. 적어도 1960년대에 있어서 헌법 개정은
있을 수 없다는 사고가 지배적이었다. 이것은 제2차 세계 대전의
참상을 두 번 다시 반복하지 않겠다는 결의를 사람들이 강하게 마
음속에 품고 있었기 때문이다.

1960년대 일본은 경이적인 페이스로 경제성장을 지속했다. 경제
성장을 가능하게 한 것은 일본의 정치적 안정이었다. 보수정권은
강력한 정치적 기반을 구축하고 경제성장을 가능하게 하는 정책을
실시했다. 경제성장을 가능케 한 보수정권의 정책은 폭넓게 사람들
에게 받아들여졌다. 경제성장을 가능하게 한 또 다른 하나의 요인
은 일본의 적은 군사비 부담을 지적하는 의견도 있다. 이것도 또
한 하나의 이유다.

헌법 제9조라는 군사적 억제요인이 있었기 때문에 군비의 증가
는 냉전구조의 최전선에 있는 국가임에도 불구하고 억제되었다. 이
것이 경제 분야에 보다 많은 예산을 배분하고 경제 정책에 힘을
불어넣을 수 있도록 가능케 한 것이다. 또한, 민간의 우수한 인재

를 군사 연구에 빼앗기지 않고 제품개발에 인재가 투입돼 국제적인 시장 경쟁력 향상에 공헌했다는 점도 급속한 경제성장의 한 원인이라고 볼 수 있다.

일본이 국가로서 성장해 가는 반면, 이념으로서의 평화는 사람들의 마음속에 강하게 자리 잡고 있었다. 당시 제1 야당인 사회당이 단독으로 중의원 의석의 3분의 1을 확보할 것인가가 매회 총선거 때마다 초점돼 왔다. 여기에서 나타난 선거 결과야말로 당시 일본 국민의 밸런스 감각이었다.

즉 현실로서는 보수정당의 경제성장 정책을 받아들여 이미 존재하고 있는 자위대를 용인하면서도 이념으로서의 평화 헌법은 견지하고 보다 중무장한 국가로 변화해 가는 것은 안 된다는 사고였다. 국가 전체로서는 헌법 제9조를 견지하고 중무장에 대해서는 거부하는 것이 시민적인 밸런스 감각이었다.

이러한 시민적인 밸런스 감각이 20세기 종반부터 크게 흔들리고 있다. 1960년대 헌법에 관해 실시한 여론조사는 모두 헌법 개정에 대해서 부정적이었다. 당시도 보수정권의 일부에는 헌법 개정론자가 확실하게 존재하였다. 그러나 이러한 '개헌파'에 대해 '호헌파'는 지적이고 온건한 시민들로부터 폭넓은 지지를 받았다.

이러한 상황에 큰 변화가 생긴 이유는 무엇일까. 냉전구조가 붕괴하고 여러 국제 분쟁이나 국내 분쟁이 각지에서 눈에 띄게 일어났다. 무력의 사용 방법이 점차 변화해 왔다는 점도 있다. 국제사회 속에서 평화 유지를 위한 무력행사라는 약간 모순된 논리도 받아들여지게 되었기 때문이다.

그렇다고 하더라도 이러한 세계정세의 변화만으로 헌법 개정에 관한 여론이 이 정도로 크게 움직였다고는 생각하기 어렵다. 역시 여러 원인들의 영향이 있었다고 생각해야 할 것이다. 이와 같은 원인의 한쪽 날개로서 거대 미디어는 매우 중요한 역할을 담당했다.

여론조사의 결과는 이러한 미디어의 캠페인 효과를 명확하게 보여 준다. 미디어의 책임은 어떻게 논의되어야 할 것인가! 평화주의를 전면에 제시하고 무력을 사용하지 않는 문제 해결법을 모색하는 국가이면 안 되는 것인가! 전후 일본이 추구해 온 이념을 국제사회에 물어보는 책임을 가지고 있다는 사고도 가능하다. 과거 아시아에 불어 닥친 전쟁의 광풍에 관해 책임을 지고 평화주의라는 이념을 일본은 내세워 왔다. 이 이념은 이미 파탄 난 것인지 아니면 아직 추구해야 할 것이고 유효성을 갖고 있음에도 불구하고 현실주의 우선의 풍조 가운데에서 그것을 버리려 하고 있는 것인가를 구별해야 한다.

미디어 중에는 자위대가 이미 존재하는 현실에서 자위대의 강화와 보다 광범위한 활동으로 국제사회에서 일본의 지위를 향상시켜야 한다고 주장하는 곳이었다. 이것은 국제사회에서 일본의 경제력이 점점 힘을 잃고 있는 것과 병행하여 강조된다. 여기에서 논의되고 있는 것은 국제사회의 일원으로서의 책임이고 국제 협조의 필요성이며 국제연합 등에 있어서 일본의 발언력 강화다.

군사력 활용에 의해 그러한 입장을 강화한다는 생각은 1960~1970년대의 일본에서는 있을 수 없는 것이었다. 그럼에도 불구하고 이러한 논의가 지금 빈번하게 거론되고 시민들로부터 지지를 얻고 있다. 즉 여론조사를 실시하면 헌법 제9조를 개정해야 한다는 의견이 다수를 차지한다. 이것이 미디어에 의한 캠페인의 결과라고 한다면 우리들은 미디어에 의해 위험한 상황에 직면하고 있다고 할 수 있다.

이렇게 된 과정을 확인하면 다음과 같다. 1972년 5월 3일 요미우리신문은 〈제25회 헌법기념일을 맞이하여〉란 사설을 게재했다. 제25회라는 기념일을 이용하여 "국민 한 사람 한 사람이 자신의 권리는 스스로 지킨다는 기개를 갖지 않으면 안 된다."라고 하며, "야마나까 총무장관은 앞선 국회에서 '현행 헌법은 강요된 헌법이다.'라고 발언하고 나중에 취소하였으나 강요된 헌법은 개정해야 한다고 주장하는 사람이 적지 않다. 일단은 그럴듯하게 들리지만 과연 그러한가?"라고 서술하고 있다. 그 후 메이지 헌법에도 국민의 의향은 아무것도 반영되지 않았다고 말하고, "국민에 있어서 중요한 것은 제정의 경위보다 헌법의 내용이다."라고 단언했다. 그리고 '평화 헌법을 형골화시켜서는 안 된다'라는 소제목을 달고, 해상자위대의 "말라카해협방위론 등은 논외로 해야 한다." "자위권의 확대해석이 헌법의 해석에 반하는 것이라고 해서는 안 된다."라고 명확하게 서술하고 "4차 방위계획으로부터 5차 방위계획으로 십 년 계획으로 군비를 확충하는 것도 평화 헌법의 골자를 빼는 것이라고 말할 수 있는 것은 아닌가?"라고 제재했다.

이후 요미우리신문은 1984년 1월 1일 사설 〈평화·자유·인권에의 현대적 과제〉라는 제목의 사설부터 논조·노선을 분명히 하기 시작했다. 헌법에 관한 요미우리신문의 주요한 동향 및 관련 경과는 다음과 같다.

90년 8월 29일 사설 〈헌법제약의 수정을 바라며〉

91년 5월 3일 헌법기념일 사설 〈국제 공헌에 다면적인 헌법 논
의를〉

91년 12월 3일 PKO 협력법안 중의원 통과

92년 1월 30일 요미우리신문 헌법 문제 조사회 발족

92년 12월 9일 요미우리신문 헌법 문제 조사회 제언 제출

93년 3월 NHK 여론조사에서 처음으로 헌법 개정필요가 불필요
를 상회(38% vs. 34%)

93년 4월 요미우리신문 여론조사에서는 더욱 큰 차이(50.6% vs.
33.4%)

94년 11월 3일 요미우리신문 개헌안 발표

이 개정안의 골자는 '상징 천황의 명확화', '인격권, 프라이버시
권, 환경권의 신설', '수상의 지도력 강화', '헌법 개정 절차의 간
소화' 등을 포함하고 있다는 것은 이미 말한 바와 같다. 여기에 대
해 아사히신문은 2월 23일자 사설에서 〈'우선 개헌'을 배제한다〉
라는 표제하에 "현재의 헌법은 충분하게 역할을 하고 있고 개헌을
목표로 할 때가 아니다."라고 말하고 거대 신문에 의한 개헌 제언
은 객관적이고 공정한 보도를 관철해야 할 언론으로서 문제가 있
다고 비판했다.

당시 2002년 5월 3일자 아사히신문의 사설을 보면 〈금기 없는
논의의 분위기를 환영〉이란 제목으로 "시대 상황 속에서 헌법을
재검증하고자 하는 문제의식"을 제시했다. 2003년 5월 3일 사설은
〈방관증으로부터 탈피하고 싶다〉라는 제목으로 국제 문제 대응의
부분에서 "일본이 행할지도 모르는 구체적인 방법이 헌법 자체 규

정에 의해 억제되고 있다는 인상이 실감을 수반해 커지고 있다."라고 논했다. 논의해야 한다는 논조이기는 하지만 그 기반에는 개헌의 필요성을 받아들이고 있는 것을 알 수 있다.

2003년 4월 2일 요미우리신문은 헌법에 관한 전국 여론조사의 결과를 발표했다. 제목으로 〈개정파 6년 연속으로 과반수〉라 하고 이하 소제목은 '새로운 문제에 대응할 수 없음 – 찬성파의 과반수 지적', "안보 '적극적 역할을' 67%", '제9조를 개정 42%', "유사법제 '찬성' 44%", '집단적 자위권 찬성과 반대 거의 동수' 등이었다. 또한, 지면 우측에는 「집단적 자위권, 정치가는 비전 제시를」이란 8단 칼럼을 게재했다.

이번 조사에서 헌법 개정 찬성 / 반대의 비율은 아사히신문 구독자 46.9% vs. 41.2%, 마이니치신문 구독자 47.5% vs. 40.0%, 요미우리신문 구독자 62.2% vs. 23.1%였다.

사회상황 변화에 의해 여론의 동향이 변해 가는 것은 극히 당연한 과정이다. 그러나 유력한 미디어가 이 정도까지 강력하게 관여하고 더구나 여론조사의 결과가 이를 추진하는 방향으로 현저하게 변화해 가는 사실에 대하여 일단 제자리에 멈추어 재검토할 필요가 있다.

5. 일장기(히노마루)와 일본국가(기미가요)에 대하여

1999년에 일본은 국기·국가법을 제정했다. 이 문제에 대해서

1999년 2월 1일부터 8월 31일까지 각지의 기사를 분석했다.

아사히신문은 표제 340건의 기사 제목 중에서 긍정의 이미지를 주는 것이 27건, 비판적인 이미지를 주는 것이 62건이었다. 또한, 기사 수 240건 중에서 긍정적인 이미지를 주는 것은 16건, 비판적 이미지를 부여한 것은 72건이었다. 사설에서는 시종 반대의 입장을 나타냈다. 또한, 기사 속에서도 문제점, 의문점을 던지고 법제화를 위험시하는 논의가 대거 포함되었다. 1999년 8월 9일의 지면에서는 〈침묵하고 있을 수 없다〉라는 큰 표제 아래 독자 투고를 소개하고 여러 비판의 목소리를 집약했다.

마이니치신문은 381건의 제목 중에서 긍정적인 이미지를 주는 것은 59건, 비판적인 이미지를 주는 것은 177건이었다. 일반 기사에서도 총 324건 중 긍정적인 이미지를 주는 것은 57건, 비판적인 이미지를 주는 것은 169건이었다. 법제화 결정 이후에 비판적인 제목이나 기사가 급격하게 증가했다는 것이 특징적이다. 사설은 6월 12일자 〈서두른 제출에 이의 있음〉이라 하고 국민적 공감대의 결여를 비판했다. 7월 1일자에는 〈기미가요에는 무리가 있다〉, 7월 13일자 〈애매함과 모순이 남았다〉라는 사설을 게재했다. 여기서는 2단계에 나눈 논의를 제안하고 있는 것이 눈에 띈다. 즉 법제화의 필요가 있는지 어떤지 국기·국가에 대해 국민적 컨센서스를 주문했다. 그리고 그다음 단계에서 만약 필요로 한다면 무엇을 국기로 하고, 무엇을 국가로 할 것인가를 생각해야 한다고 했다. 전체적으로 히노마루의 국기화는 대략 받아들여지는 쪽이었지만, 기미가요의 국가화에는 비판적이었다.

요미우리신문은 관련 기사수가 총 119건이었다. 그중 표제에서 긍정적인 이미지를 주는 것은 15건, 비판적인 이미지를 주는 것은 5건이었다. 기사에서는 긍정적인 이미지를 주는 것이 16건, 비판적인 이미지를 주는 것은 6건이었다. 기사 수는 다른 신문에 비해 매우 적었다. 국기·국가의 법제화는 당연하다는 것이 기본적인 입장이고 그것을 증명할 학자나 지식인의 기고 등을 자주 볼 수 있었다. 국회에서의 심의에 관해서는 "정부여당이 압도적 다수를 목표로 한다."라는 기술이 눈에 띈다. '압도적 다수'라는 단어를 많이 사용한 점이 특징이다. 6월 13일자의 사설에서는 〈국기·국가의 법제화를 지지한다〉라는 제목을 실어, "히노마루, 기미가요는 전통과 관습에 의해 국기, 국가로서 정착하고 있다."라고 했다. 더욱이 7월 23일의 사설은 〈국기·국가의 '확인'이 필요하다〉라는 제목으로 "국민의 대다수가 히노마루, 기미가요를 국기, 국가로 생각하고 있다. 본래라면 이것을 일부러 법제화할 필요도 없다." 하지만 교육현장의 혼란에 종지부를 찍기 위해 필요하다고 논했다. 그리고 8월 10일 사설에서는 "이것도 일본이 '전후'를 뛰어넘기 위한 한 가지의 구분이라고 하자."라고 주장했다.

원래 히노마루·기미가요는 교육현장에서 강제로부터 시작된 문제였지만 다른 각도로 논의가 전개되었다. 이러한 움직임의 배경에 있었던 것은 히노마루를 국기로 하고 기미가요를 국가로서 취급하여 이에 기초하여 국민 의식이나 애국심을 고양시키려고 하는 일련의 의도가 존재한다. 그럼으로써 학습지도요령에 명기되고 교육현장에 알력이 생겼다. 히로시마 현에서 현립고교 교장이 자살하는 비극까지 일어났고 그것이 역으로 법제화의 이유가 되어 교육 현장에 압력을 더욱 가하는 법안이 추진되었다. 여기에서도 청소년이

타깃이 되고 있는 것이다.

히노마루가 갖는 역사적 의미, 기미가요의 가사가 천왕 찬미인가 아닌가 하는 비판 등 법제화에는 많은 문제점이 있었다. 이와 같은 경위에서 보면 마이니치신문이 실은 2단계론은 문제에 바르게 대응하지 않는 인상을 준다. 추진하는 측의 의도는 어디까지나 '히노마루'와 '기미가요'의 법제화였다.

최종적으로 법안에는 자민당, 공명당, 자유당, 민주당이 찬성했다. 야당에서도 찬성하는 정당이 있었다는 점에서 국가주의적인 동향의 뿌리가 깊다는 것을 엿볼 수 있다. 이러한 추진 측의 의도에 대하여 강력한 반대를 전개한 신문은 없었다.

그러나 각지의 논조는 위에서 말했던 것과 같이 약간의 차이가 존재한다. 법제화에 관한 찬성 / 반대 비율은, 아사히신문 구독자 58.5% vs. 31.0%, 마이니치신문 구독자 65.0% vs. 20.0%, 요미우리신문 구독자 75.2% vs. 15.5%였다.

6. 역사인식

2001년은 '새로운 역사 교과서'가 커다란 쟁점이었다. 이 문제에 관해 2001년 1월 1일부터 12월 31일까지의 각지의 논조를 분석해 봤다.

아사히신문에 관해 보면 그간 관련기사의 총수는 471건이었다. 그중에 긍정적인 이미지를 주는 제목은 5건, 비판적인 이미지를 주는 제목은 120건이었다. 또한, 기사에서 긍정적인 이미지를 주는 기사는 5건, 비판적인 이미지를 주는 기사는 178건이었다. '새로운 역사교과서를 만드는 모임'에 대한 비판, 지지불가가 압도적으로 많았다. 긍정적인 의견은 모두 '새로운 역사를 만드는 모임'의 회원에 의한 기고 또는 인터뷰 기사였다. 이것은 비판적인 논조에 대해서 밸런스를 맞추기 위한 것이라고 생각된다. 4월 4일자의 사설에서 "균형감을 상실하고 있다. 교실에서 사용하기에는 역시 적당하지 않다고 생각 한다."고 서술하고 있다. 한국, 중국으로부터의 수정 요구에 관한 견해로서는 "현실적으로는 있을 수 없다. 그렇다고 해도 한국인이나 중국인의 격한 반발은 충분하게 이해할 수 있다."(7월 10일자 사설)라고 서술하여, 이 문제에 관해 아사히신문은 능동적인 의견을 나타내려고 한 자세를 엿볼 수 있다. 관련 있는 기사 자체의 숫자 및 독자투고의 숫자는 타지와 비교하여 압도적으로 많았다.

마이니치신문의 관련 기사 총수는 209건이고 이 중 긍정적인 이미지의 제목은 1건이었다. 비판적인 이미지의 제목은 22건이었다. 긍정적인 이미지의 기사 수는 3건, 비판적인 이미지의 기사는 54건이었다. 특히 마이니치신문의 생각이 명확하게 반영되고 있는 것은 사설로 11건이 강한 비판을 전개하고 있었다. 외교 문제와 결부시켜 논의를 전개시키고 있는 케이스 및 내용이 부실하고 교과서로는 적당하지 않다는 비판이 핵심이었다. 또한, '기자의 눈'에서도 5건이나 강한 비판을 전개했다. 더욱이 '모두의 광장'이란 독자의 투고란에는 8건을 새로운 역사 교과서에 관해 투고로 다루고 있으나 8건 모두가 "침략이나 식민지화를 정당화하는 등 역사를 왜곡했다. 이 교과서를 사용해서는 안 된다.”라고 논했다.

　요미우리신문은 관련 기사 총수가 161건으로 다른 신문보다 확실하게 적었다. 제목 중에 긍정적인 이미지가 20건, 비판적인 이미지가 15건으로 긍정적인 이미지를 주는 제목 수가 많았다. 기사 내용에도 긍정적인 것이 27건, 비판적인 것이 15건으로 긍정적인 이미지를 주는 기사가 많았다. 절대적으로 기사 수가 적고, ‘애국심’, ‘국민의식’이란 어휘를 눈에 띄게 많이 사용하며, 아시아 각국으로부터의 비판을 ‘내정간섭’이라고 잘라 말하고 있고 ‘새로운 역사를 만드는 모임’ 회원의 기고·대담이 다른 신문에 비해 눈에 띄게 많았다.

　또한, 조사에서는 전쟁이 ‘아시아 각국에 대한 일본의 침략전쟁이었다.’라고 생각하는가를 물었다. 아사히신문 구독자는 ‘침략’ 59.4%, ‘생존’ 29.3%, 마이니치신문 구독자는 ‘침략’ 50.0%, ‘생존’ 28.8%, 요미우리신문 구독자는 ‘침략’ 44.1%, ‘생존’ 39.1%이었다. 요미우리신문 구독자는 ‘생존을 위해 어쩔 수 없는 전쟁이었다.’라고 생각하는 사람이 아사히·마이니치신문의 구독자에 비해 약 10%가 많았고 이는 통계적으로 봐도 의미 있는 차이를 나타냈다.

7. 유사법제

　유사법제에 관해 2002년 4월 1일부터 6월 15까지 또, 2003년 4월 1일부터 6월 15일까지 아사히, 마이니치, 요미우리신문을 비교해 보았다.

　아사히신문에 관해 살펴보면, 2002년의 기사 총수는 120건이었고 사설은 4월에 1건, 5월에 2건, 6월에 1건으로, 모두 유사법제에 관해 비판적인 의견을 전개하고 있었다. 사설의 제목으로는 4월 17일자에 〈이것으로는 지나치게 애매하다〉, 5월 22일자에는 〈왜 이렇게 서두르는가?〉, 6월 3일자에는 〈이제는 새로 고쳐야 한다〉 등 부정적인 표현이 많았다. 4월 17일자의 2페이지 전면 기사인 〈시뮬레이션 '유사'〉에서는 총 천억 엔 이상의 피해가 나온다고 계산하고 있다. 수정 협의의 저조함을 비판하고, 지금 필요한 법안인가 의문시되며, 새로 고쳐야 한다고 했다. 4월의 찬성 기사는 지식인이나 위정자의 의견 소개에 그쳤다. 특집으로서 「유사법제, 이것을 모르겠다」에서 Q&A로 문제점이나 의문점을 제출, 「국회유사(國會有事)」에서 수정 협의의 저조함을 비판, 「유사의 현실 오키나와에서」에서 과거 오키나와의 문제를 분석, 「나의 유사법제론」에서 지식인과의 인터뷰 등을 꾸몄다. 그러나 2003년 조사기간에서는 기사 총수 91건 중 4월에 1건의 사설, 5월에 4건의 사설 중 2건만이 긍정적인 논조였고, 6월에는 해당하는 사설이 없는 상황으로 전년과는 확실하게 논조가 변한 것으로 나타났다. 민주당 안을 지지하고 여당에 수정 합의를 촉구하며 법안의 골격이 바뀌지 않았다고 하면서도 폐안해야 한다고는 말하지 않고 논의를 깊이 할 수 있는 토대가 정비되었다는 인식을 나타냈다. 사설 제목에서는 4월 27일자 〈민주당 안은 토대가 된다〉, 5월 13일자 〈여당은 합의해라〉 등도 있었다. 2002년처럼 강하게 의문을 던지는 기사는 감소했고 대부분의 비판은 국민보호법제의 미정비에 집중하고 있다.

유사법제 그 자체의 시비를 묻는 것과 같은 기사는 볼 수 없다.

마이니치신문은 2002년에 70건, 2003년에 37건의 관련 기사를 게재했다. 기사 내용은 시종 객관적인 논조이나 2003년의 「뉴스의 쟁점」에서는 4월부터 5월에 걸쳐 〈유사법제 실태의 애매함〉, 〈국가의 권한은 불분명함〉, 〈중요과제 산더미〉, 〈'결함'의 노출 줄줄이〉라는 제목이 뒤를 이었다. 유사법제에 관해서는 법안 전문을 기재하고 특집으로서 총 7회에 걸쳐 상세하게 검증을 거듭했다. 독자에 대한 설명으로서는 매우 빈틈이 없는 지면 구성이었다. 그러나 전체로서는 명확한 논조를 제시한 것은 적었다.

이에 반해 요미우리신문은 2002년에 167건, 2003년에 112건의 기사를 게재했다. 2002년부터 보면 명확하게 긍정적인 이미지를 주는 사설은 6건, 기사는 13건이었고, 비판적인 이미지를 주는 것은 없었다. 2003년에 한정해 보면 긍정적인 이미지를 주는 제목은 8건, 기사는 11건이었고, 비판적인 이미지를 주는 것은 없었다. 2002년 1월 17일자의 사설에서 〈유사 관련 법안/이것을 발판으로 폭넓게 서둘러 대비하라〉, 5월 11일자에 〈유사 법안 심의/불필요한 신학논쟁을 반복하지 말라〉라는 제목이 있었고, 기사에서는 '획기적인 법안'이라고 서술했다. 2003년 4월 29일자에는 〈유사법안 수정 협의로 조속한 성립을 도모하라〉라는 제목을 달았고, 기사 중에는 '불가결한 법제의 정비'라고 서술했다. 또한, 5월 17일자 사설에서는 "평화라는 멍청한 발상으로부터 정치가 하루빨리 탈출해야 할 것이다."라고 했다. 6월 7일자 사설에서는 〈법치국가의 체제가 드디어 정비되었다〉라는 제목이 있었고 "드디어 '보통 국가'로 한 걸음을 내딛었다." "국가로서 당연한 체제가 드디어 정비되었다고 해도 좋다."라고 서술했다.

이번 조사에서는 유사법제가 필요하다고 응답한 사람의 비율은 아사히신문 구독자 57.0%, 마이니치신문 구독자 58.8%, 요미우리신문 구독자 73.9%였다. 이는 통계적으로 의미 있는 수준의 차이다.

8. 자위대의 이라크 파병

육상 자위대의 이라크 파병에 관해서는 조사기간 중 사태가 진행되고 있었기 때문에 명확하게 지면 분석을 할 수 있는 조건이 조성되지는 않았다. 그러나 아프가니스탄의 무력 공격이 실시되고 있는 가운데 이지스함의 인도양 파견이 논의되었을 때, 각 신문이 어떤 논조를 제시했는가에 의해 각지의 입장을 명확하게 파악할 수 있었다.

아사히신문은 2002년 12월 5일자의 사설에서 〈이것은 납득할 수 없다〉라는 제목을 싣고 "자위대의 활동은 어디까지 확장되는가? 국민의 불안은 깊다. 이것을 씻어 낼 정도의 설득력이 없는 파견이다."라고 강하게 비판했다.

마이니치신문은 12월 6일자 사설에서 〈파견하려면 룰을 지켜라〉라는 제목을 싣고 "야당은 무엇보다 여당 자민당의 일부나 공명당에도 이견이 나오고 있는 가운데 이지스함의 파견을 결정했다는 것은 화근을 남긴다."라 하고 "헌법에서 금지하고 있는 집단적 자위권의 행사에 저촉하지 않는가?"라는 노나카 전 자민당 간사장의 비판도 소개했다.

요미우리신문은 12월 5일자에서 〈'평화라는 멍청한' 논리에서부터 탈출하라〉라는 제목의 사설에서 "당연한 것을 결정한 것에 지나지 않는다. 오히려 너무 늦어 버린 감이 있다."라고 말하고 "파병을 주저할 이유는 처음부터 없었다."라고 강조했다.

이번 조사에서 자위대의 이라크 파병에 대해 찬성 대 반대의 비율은 아사히신문 구독자 26.9% vs. 63.9%, 마이니치신문 구독자 28.8% vs. 58.8%, 요미우리신문 구독자 44.1% vs. 47.5%이었고, 아사히·마이니치신문의 독자에게서는 반대가 압도적으로 많음에 반해 요미우리신문 구독자에게서는 찬반이 거의 비슷했다.

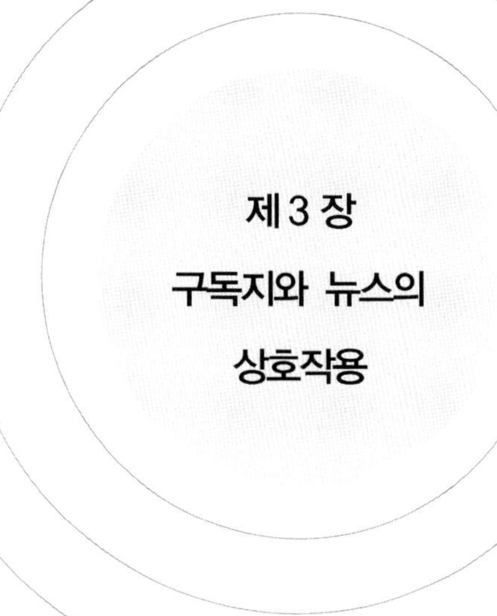

제3장
구독지와 뉴스의
상호작용

1. TBS 「NEWS 23」과 TV아사히 「NEWS 스테이션」

앞에서는 각 가정의 구독지에 의해 의견 차이가 나는 것을 분석했다. 이번 조사에서는 사람들의 텔레비전 뉴스 시청 습관의 데이터를 수집하였다. 그 결과 텔레비전 뉴스의 시청 습관과 신문의 구독 습관이 매우 흥미롭게 상호작용을 일으키고 사람들의 의견 형성에 영향을 미치고 있다는 것이 분명하게 나타났다.

조사내용은 저녁 5시~6시대 및 밤 10시 이후에 각 방송국이 편성하고 있는 텔레비전 뉴스의 시청 습관이다. 저녁시간대 텔레비전 뉴스의 시청 습관과 사람들의 의견 차이 간에는 명확한 상관관계를 볼 수 없었다. 그러나 밤 10시 이후의 텔레비전 뉴스의 시청 습관은 사람들의 의견 형성에 크게 관계하고 있는 것이 분명하게 나타났다. TBS의 「키쿠치 테츠야 NEWS 23」과 TV아사히 방송국의 구메 히로시가 진행하는 「뉴스스테이션」의 영향이 매우 흥미로웠다.

이 두 가지 뉴스 프로그램은 시청자의 의견에 특이하게 관계하고 있다. 아사히신문·마이니치신문의 독자는 밤 시간대의 텔레비전 뉴스는 어느 것을 보고 있어도 의견의 차이는 나타나지 않았다. 그러나 요미우리신문·산케이신문의 독자는 밤 시간대의 텔레비전 뉴스의 시청 습관에 따라 확실하게 차이를 볼 수 있었다.

구체적으로는 「뉴스스테이션」과 「키쿠치 테츠야 NEWS 23」의 어느 한 쪽 또는 양쪽의 시청 습관을 갖는 사람들은 다른 뉴스 프로그램을 시청하고 있거나 또는 밤 시간대의 텔레비전 뉴스를 시청하지 않는 사람들과 비교하여 확실하게 다른 의견을 가지고 있었다. 밤 시간대의 텔레비전 뉴스 프로그램은 각각의 개성을 가지고 있다. 그러나 NHK, 니혼TV, 후지TV, TV도쿄 등의 뉴스 프로그램의 개성은 사람들에게 그다지 큰 영향을 미치고 있지 않았다. TBS, TV아사히의 뉴스도 아사히신문·마이니치신문의 구독층에서는 큰 영향을 미치지 못했다. 유일하게 원자력발전소의 재가동에 대한 의견에서 차이가 나타나는 정도였다. 그러나 TBS와 TV아사히의 「키쿠치 테츠야 NEWS 23」과 「뉴스스테이션」은 요미우리·산케이신문의 독자층에 큰 영향을 주고 있었다.

앞의 신문 논조와 사람들의 의견과의 관계에 대해서 서술했을 때와 같이 통계적인 관점에서 보면 이 데이터는 텔레비전 뉴스의 시청 습관과 사람들의 의견 형성 간에 '상호관계'가 있다는 것일 뿐 텔레비전 뉴스의 논조가 사람들의 의견에 영향을 미치고 있다는 '인과관계'를 증명하는 것은 아니다.

따라서 이곳에서도 두 가지로 생각할 수 있다. 첫째는 습관적으로 텔레비전 뉴스의 프로그램을 시청하고 있으면 그 프로그램이 갖고 있는 논조의 영향을 받아들이게 된다는 것이다. 둘째는 사람들은 각각 자신이 갖고 있는 의견에 가까운 논조의 프로그램을 선택하고 시청 습관을 형성한다고 하는 반대 측의 생각이다.

그러나 이곳에서도 전자의 생각에 더 설득력을 갖는다고 생각된다. 왜냐하면 요미우리·산케이신문의 독자 중에는 구메 히로시·키쿠치의 논조에 가까운 의견을 갖는 사람들이 스스로 주체적으로 프로그램을 선택하고 시청 습관을 형성하고 있다면 왜 다른 신문의 독자 간에는 주체적인 선택, 시청 습관의 형성이 없었겠는가 하는 점 때문이다.

다른 독자 간에서는 「키쿠치 테츠야 NEWS 23」과 「뉴스스테이션」의 시청자와 다른 뉴스 프로그램의 시청자 간에는 의견의 차이가 눈에 띄게 없었다. 그렇다고 하면 전자의 경우가 영향관계를 더 유력하게 보여준다고 생각해도 좋지 않을까.

2. 자유주의로 되돌리는 기능

요미우리신문·산케이신문의 구독자 간에서 「키쿠치 테츠야 NEWS 23」과 「뉴스스테이션」을 보고 있는 사람과 그 이외의 뉴스를 보고 있는 사람 또는 밤 시간대의 텔레비전 뉴스의 시청 습관이 없는 사람과를 비교해 보았다.

TBS의 「키쿠치 테츠야 NEWS 23」과 TV아사히의 「뉴스스테이션」을 습관적으로 시청하고 있는 사람들(TBS, TV아사히는 관동지역에서 각각 채널 6번, 10번을 할당받고 있으므로 그 그룹을 이하 '6군 / 10군'으로 표기)에서 고이즈미 내각 지지율은 47.9%에 머물렀다. 이에 대해 TBS·TV아사히 이외의 텔레비전 뉴스를 시청하고 있거나 또는 밤 시간대의 텔레비전 뉴스를 보는 습관이 없는 사람들 '비6군 / 10군' 사이에는 고이즈미 내각 지지율이 64.7%였다.

고이즈미 수상이 "야스쿠니신사에 참배해서는 안 된다."라고 한 사람은 요미우리·산케이 독자 전체에서는 14.3%였으나, '6 / 10 군' 19.8%, '비6 / 10군' 11.0%로 '6 / 10군'이 큰 폭으로 상회했다.

헌법 개정에 관하여 개정 찬성 / 반대의 비율은 '6 / 10군' 68.8% vs. 25.0%, '비6 / 10군' 60.7% vs. 20.8%였다. 여기서는 '6 / 10군'의 찬성이 '비6 / 10군'의 찬성을 상회하고 있으나 반대도 '비6 / 10군'을 상회하고 있었다. '6 / 10군'에서는 '모르겠다.'라고 대답한 사람이 적었고 명확한 선택을 한 사람이 많았다.

이 쟁점에 관한 조사결과는 또 다른 흥미를 유발한다. 다른 쟁점에 관해서는 '6 / 10군'과 '비6 / 10군' 간에 명확한 차이가 나타났다. 그러나 이 쟁점은 그 차이의 통계적 의미가 약하다. 헌법과 같이 광범위에 걸쳐 복잡한 구조를 갖는 쟁점에 관해서는 TV 뉴스가 명확한 시점을 제공하기 어렵기 때문으로 분석된다.

원자력발전소의 재가동에 관한 찬성 / 반대의 비율은 '6 / 10군' 38.5% vs. 47.9%, '비6/10군' 50.9% vs. 26.6%로 큰 차이가 나타났다.

'전쟁은 침략 전쟁이었으니 생존을 위한 어쩔 수 없는 것이었는가?'라는 질문에 관해서는 '6 / 10군' 침략 51.0%, 생존 32.3%, '비6 / 10군' 침략 38.2%, 생존 42.2%로 여기에서도 큰 차이가 나타났다.

국기·국가에 관해 법제화의 찬성 / 반대의 비율은 '6 / 10군' 64.6% vs. 20.8%, '비6 / 10군' 83.2% vs. 11.6%였다. 역시 큰 차이를 보였다.

유사법제에 관한 찬성 / 반대는 '6 / 10군' 68.8% vs. 19.8%, '비6 /

10군' 77.5% vs. 13.3%였다. 이 차이도 역시 명확했다.

이라크 자위대 파견에 관한 찬성 / 반대는 '6 / 10군' 35.4% vs. 54.2%, '비6 / 10군' 50.3% vs. 41.0%로 찬반이 완전히 거꾸로 되어 있다. 이 항목에서 텔레비전 뉴스의 영향이 가장 현저하게 나타났다.

이들의 수치를 그래프화해 보면 밤 시간대의 텔레비전뉴스 시청 습관이 독특한 형태로 사람들의 의견 형성에 관계하고 있는 것을 더욱 명료하게 볼 수 있다. 「키쿠치 테츠야 NEWS 23」이나 「뉴스 스테이션」은 '균형 있는 코멘트'를 한다고 일반적으로 받아들여지고 있으나 그 영향은 아사히신문의 구독자나 마이니치신문 구독자에 대해서는 거의 크게 미치고 있지 않다. 그러나 보수적인 논조를 전개하고 있는 요미우리신문의 구독자나 산케이 신문의 구독자에 대해서 의견을 자유로운 방향으로 '다시 되돌리는' 기능을 하고 있다고 생각된다.

이번에 다룬 쟁점과 관련해서는 밤 시간대의 텔레비전 NEWS가 실제로 어떤 코멘트를 했는가에 관해서는 계통적인 자료 수집은 하지 않았다. 작업량의 방대함으로 인해 실시할 수 없었다. 그러나 예를 들어 2003년 12월 4일의 「뉴스스테이션」에서와 같이 '자위대의 이라크 파견에는 반대이다.'라는 명확한 코멘트가 그때그때마다 제시되었음을 알 수 있다. 이러한 명확한 논조가 사람들에게 영향을 미치고 있는 것이라 판단된다.

3. 여론의 추인기능? NHK 뉴스

이와 같은 데이터는 다른 각도에서도 검토가 가능하다. 사람들로부터 높은 평가를 받고 신뢰받고 있는 NHK 뉴스는 여론 형성이라는 관점에서는 어떻게 이해되고 있는 것일까.

텔레비전 뉴스의 내용에 관해 최근 다양한 분석·연구가 행해지고 있다. 이러한 연구의 기본적인 문제의식은 텔레비전 뉴스가 오락화의 경향이 강해지고 있는 것은 아닌가 하는 점이다. 확실히 최근 뉴스에서는 기획이나 사람들의 관심을 끌기기획이나꿨용의 비율이 증가하고 있고 스포츠뉴스의 방송시간대 증가, 일기예보의 쇼화 등이 자주 지적되고 있다. 이러한 가운에 NHK 뉴스는 시대의 흐름 속에서 변화해 왔다고는 하나 민방의 보도와 비교하면 전통적인 보도의 스타일을 유지하고 있다.

국민들로부터 신뢰받아 널리 시청되고 있는 NHK 뉴스이지만 이번 조사에서 살펴본 바에 의하면 NHK 뉴스의 시청 습관을 갖고 있는 사람과 시청 습관을 갖고 있지 않은 사람 사이에는 큰 의견의 차이는 없었다. 이는 NHK 뉴스가 사람들에게 정보제공을 철저히 하고 공평하고 중립이라는 것에 의미부여를 하고 있기 때문이라는 해석도 가능하다. 그러나 지금과 같은 상황에서 NHK 뉴스의 시청자에게 눈에 띤 의견 형성이 이루어지지 않고 다른 미디어에 의해 이루어진다고 한다면 극단적인 경우 공영방송이 다른 미디어에 의해 형성된 여론의'추인기능'을 담당하고 있다는 것이 된다. 이 점은 광범위하게 논의해 볼 필요가 있다. 한 가지 예를 들어 보기로 하겠다. 각 텔레비전 뉴스 프로그램은 2002년 8월 5일에 가동이 시작된

「주민기본대장 네트워크」에 관해 7월 10일 이후 다양하게 다루었다. 「NEWS 23」은 7월 30까지 9회, 총 52분 25초에 걸쳐 다루었고 강한 비판을 전개하고 있었다. 「뉴스스테이션」은 같은 기간 동안 5회, 31분 34초에 걸쳐 방송했다. 이에 반해 NHK는 7월 10일에 43초간 다뤘을 뿐 7월 31일이 돼서야 '주민기본대장 네트워크 다음주 개시'라는 타이틀로 13분 30초에 걸쳐 해설했다. 「NEWS 23」이나 「뉴스스테이션」과는 확실히 논조가 달랐다.

NHK의 「뉴스 10」은 거의 대부분의 시간을 제도의 구조나 설명에 할애했다. 그러나 「NEWS 23」이나 「뉴스스테이션」은 제도가 갖는 문제점의 지적에 역점을 두었다. 「NEWS 23」은 7월 22일의 방송에서 미에현 요카이치시에서 일어난 개인 정보 유출의 사례를 크게 다루었다. 7월 25일의 「뉴스스테이션」에서도 같은 사례를 상세하게 다루었다. 또한, 7월 방송에서 「뉴스스테이션」은 네트워크에의 불참가를 표명한 후쿠시마현 야마츠리마치의 사례에 관해서도 지자체단체장의 인터뷰를 내보낸 것을 시작으로 문제 지적의 구체적인 사례로서 여러 번 언급했다. 「NEWS 23」도 7월 30일의 방송 등에서 이 마을을 다루고 문제 지적의 구체적인 사례로 다루었다. 특히 한적하고 차분한 마을이라는 것을 강조하고 억지로 네트워크화를 추진하는 정부가 현재의 평화를 파괴하는 것으로 거론했다.

제도의 개요에 관한 설명에 머무른다면 뉴스는 광고와 차이가 거의 없게 된다. 이 쟁점에 관해서는 「NEWS 23」나 「뉴스스테이션」 등이 구체적인 정보 누설의 사례 등을 예로 들며 명확한 문제 지적을 하고 있었다. 그리고 이들 프로그램의 내용이 산케이·요미우리의 신문 독자들에게 영향을 미친 것은 아닐까 하고 생각하게 된다.

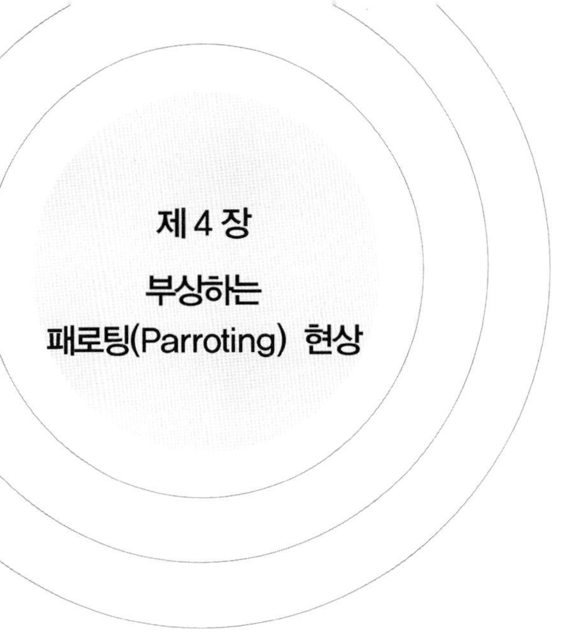

제 4 장
부상하는 패로팅(Parroting) 현상

1. 의견과 태도

앞에서 사람들이 가지고 있는 '의견'과 일상적으로 접하고 있는 미디어와의 논조 사이에 강한 상관관계가 있다는 것을 검증했다. 그런데 '의견'은 이와 같이 미디어와 다양한 관계가 있는 것이지만 애초 그 '의견'이라는 것은 무엇을 말하는 것인지를 살펴볼 필요가 있다. 사람들은 각각의 생활 속에서 다양한 체험을 하고 다양한 지식을 익히고 다양한 가치관을 키워 그 가운데 내적으로 어느 정도 일관성을 유지하고 있다. 이것이 통상 '태도'라고 하는 개념이다. 사람들의 태도는 개인의 경험에 질서를 부여하고 다양한 사상의 의미 부여나 이들에 대한 반응을 규정하는 것이다. 당연한 것으로 개개인의 생활 역사나 다양한 체험에 의해 각각 다른 태도가 형성되는 것이다.

태도라는 개념에 대해 의견이라고 하는 것은 태도에 기초를 둔 언어적인 표명이라고 생각하는 것이 일반적이다. 이와 같이 표명된 의견은 집약이 가능하고 비교적 다수의 사람에게 지지되고 있는 의견과 소수 의견이 생기게 된다. 반복해서 확인해 둘 필요가 있는 것은 개인은 그 사람이 놓인 상황 속에서 다양한 태도를 형성하고 그 기반 위에서 의견이 표명된다고 하는 점이다.

예를 들어 최근 금연에 관해 여러 규제가 확산되고 있다. 건물 내의 금연도 확산되고 있으나 지자체에 따라서는 도로에서의 흡연을 금지하는 조례를 정하는 곳도 있다. 이와 같은 조례화에 대한 찬반양론이 존재하는 것은 당연하다. 이 경우 찬반의 태도 형성에 그 사람 자신이 흡연의 관습을 갖는가가 중요한 요인이 된다고 생각된다.

찬반 의견은 이와 같이 개인의 습관이나 가치관이나 놓인 상황 등에 기초한 개개인의 태도에 의해 표명되는 것이다. 그러므로 의견이라는 것은 사적인 것이고 그 사람의 고유한 것이다. 결과적으로 표명된 의견이 다른 사람과 일치할 수는 있다고 하더라도 그것은 결과이고 거기에 도달되는 과정은 개개인이 각기 다른 판단을 하고 최종적으로 스스로의 태도를 형성해 온 것이다.

현실에서는 주위의 상황을 감안하여 자신의 태도에 반한 의견을 표명하는 것과 같은 경우가 없는 것은 아니다. 그리고 표명된 의견은 잠재적인 태도가 아니라는 견해도 있다. 그러나 통상적으로 조사에서는 표명된 의견을 사람들의 태도로서 다룰 수밖에 없다.

'태도' 및 '의견'의 개념을 엄밀하게 정의하는 것은 곤란하다. 특히 '의견'에 관해서는 학문적인 정설이 확립되었다고 볼 수 없고 상식적인 이해가 우선되고 있다. 그러므로 이하에서 의견이라는 개념을 보다 넓은 개념으로 사용하고 여론조사에서 집약된 사람들의 판단으로 다룬다.

문제는 지금과 같은 세상에서 사람들이 자신의 의견으로서 유지하고 있는 것 또는 자신의 의견으로서 다른 사람에 대해 표명하고 있는 것이 정말 다양한 체험이나 가치관이나 다른 상황과 비교해 본 후에 형성된 의견인가 하는 점에 있다. 아무래도 그렇지 않다고 생각되는 케이스가 최근 많이 관찰된다. 그렇다고 하면 의견이란 것은 무엇인가라는 의문이 생기게 된다.

정말로 개인의 태도에 뿌리를 두고 있지 않은 경우에도 사람들은 자신의 의견이라고 착각하고 아무리 해도 자신의 내면에서 나온 생각인 것처럼 다른 사람에게 말해 버리는 일은 없는 것일까. 즉 여기에서 부각되고 있는 것은 개인의 의견이 사실은 다른 사람들로부터 주입된다든지 또는 차용한 경우가 매우 많고 더욱이 사람들이 그런 점을 정확하게 인식하고 있지 않은 것이 아닌가 하는 의문이다. 이 과정에 미디어가 깊이 관여해 오고 있다.

2. 패로팅(앵무새처럼 흉내 내기)

사람들의 의견 표명에 관한 문제를 명확하게 지적한 것은 E·프롬이다. 그는 『자유로부터의 도피』에서 미디어에 유도된 '가짜사고'에 관해 서술하고 있다.

그가 사례로 사용하고 있는 것은 해변에 사는 어부와 해안을 방문한 두 명의 피서객에 의한 기상 예측에 관한 의견이다. 해변에서 생활해 온 어부는 오랜 경험에서 구름의 흐름을 바라보고 바람을 읽고 날씨를 예측하고 그 자신의 견해를 말할 수 있다. 이것은 섞인 것이 없는 순수한 자신의 '의견'인 것이다.

피서객의 한 명은 스스로 기상 예측에 관해서는 전혀 능력을 갖고 있지 않다고 인식하고 있고 '미디어가 전한 정보로서' 기상 예측에 관해 발언한다. 자기 인식과 미디어 정보에 관한 변별의 양쪽 모두를 기반으로 한다. 그는 날씨에 관해 말하지만 그 내용은 자신에서 출발한 것이 아니라 다른 곳에서 받아들인 것이라는 것을 명확하게 의식하고 있다. 또 다른 한 사람의 피서객은 이후의 기상 추이에 관해 '비가 내릴 것이다', '맑을 것이다'라고 자신만만하게 말한다. 사실은 그가 말하고 있는 것은 미디어가 전한 기상 예보에 지나지 않는다. 그러나 그는 미디어부터 입수한 정보를 '자신의 의견이라고 착각하면서' 마구 우기고 있는 것이다.

현재 문제가 되고 있는 것은 마지막의 케이스다. 일상생활을 돌이켜 보면 이에 유사하다고 생각되는 경우가 많다. 다양한 쟁점에 관해 표명된 의견은 잘 음미해 보면 단순히 미디어 논조를 앵무새처럼 반복하는 것에 지나지 않고 세세하게 개개인이 해야 할 검토가 결여되어 있다거나 심한 경우에는 구체적인 내용에 관한 지식을 결여하고 있는 경우도 있다.

최근, 일본에서 사람들의 쟁점의 인지 저하가 다양한 데이터에서 나타난다. 즉 사회적인 문제에 대한 관심이 전반적으로 저하하고 있는 것이 현실이다. 이러한 상황 속에서 미디어가 말한 견해를 자신이 스스로 양성한 것이라고 착각하고 있는 케이스가 사람들 사이에서 확산되고 있는 것이다. 여론조사 등에서 질문을 받으면 미디어가 말한 논조 그대로를 받아 옮기는 대답을 하는 경우가 증가해 온 것이다. 여기에서는 이처럼 앵무새처럼 받아 옮기는 것을 '패로팅(Parroting)'이라고 부르기로 한다.

'패로팅(Parroting)'은 개인 속에서 길러진 태도와의 관련이 희박한 채 '정보'로서 수용된 쟁점에 관한 견해를 그대로 표명하는 행위이다. 이와 같은 행위는 쟁점에 대한 스스로의 이해관계가 적다거나 또는 이해관계가 존재하지만 스스로 이를 인식하고 있지 않는 경우 등에 생길 수 있다. 쟁점에 대한 관심 정도도 깊게 관여한다.

의견을 물어보는 조사에 대답하는 것은 매우 일상적인 행위이다. 그러나 잘 검토해 보면 여기에서 표명된 의견이 '미디어에 의해 전해진 정보'를 앵무새처럼 전하여 반복하고 있는 것에 불과한 것은 아닌가 하고 생각되는 경우가 종종 있다. 그럼에도 사람들은 그것이 자신의 의견인 것처럼 착각하고 회답한다. 그리고 사람들의 그런 행위 경향에 기초로 하여 다양한 문제에 관한 여론조사 데이터가 수집된다. 필자가 '패로팅(Parroting)'이란 현상에 최초 주목한 것은 어느 여론조사 때문이었다.

1985년에 일본에서 JAL 점보기의 추락사고가 일어나 500명이 넘는 희생자가 나왔다. 그러나 기적적으로 살아남은 승객도 있었고, 그것이 세간의 주목을 받아 추락원인에 관한 다양한 보도도 활발해졌다. 1985년 9월에 NHK가 실시한 조사 중에 다음과 같은 질문 항목이 있다.

Q22 일본 항공 점보기의 사고에 가장 관계가 깊다고 생각되는 것은 다음 중에서 어느 것인가?

1. 회사의 과밀 운행 계획　　　9.4%

2. 기체 정비의 실수　　　58.6%

3. 조종 기술상의 미스　　　1.6%

4. 기체 안전성의 문제　　　24.3%

5. 기타　　　0.8%

6. 모르겠다, 무응답　　　5.4%

데이터는 여론조사에서 얻은 회답에 관한 중요한 문제를 단적으로 보여 준다. 항공기 사고 원인의 확정은 고도로 전문적인 기술을 필요로 하는 작업이고 통상은 결론에 달할 때까지 오랜 시간을 필요로 한다. 기체 제조회사와 항공 회사의 책임과 이해가 항상 대립하고 기체의 결함을 주장하는 항공사와 조종 미스를 주장하는 기체 제조회사의 논쟁이 항상 일어난다. 그러나 JAL 점보기의 경우는 이례적으로 단기간에 사고 원인의 낙착을 보았다.

이전에 일어난 파손사고의 수리 불충분을 원인으로 하는 결론은 조종 미스는 아니라는 항공사를 만족시키고 또 사고 원인은 해당 비행기에만 기인하기 때문에 동일 기종 전부의 문제는 아니라는 의미로 기체 제조회사에도 받아들여질 수 있었던 것이었다. 매스미디어의 보도도 그러한 결론에 도달하는 흐름을 따랐다.

조사에 나타난 응답은 세상에 유포된 설을 따르고 있었다. 일반인들은 사고 원인을 판단할 수 있는 입장이 아니다. 고도의 전문 지식을 보유하고 있지 않고 사고 원인의 구명을 위한 상세한 정보도 제공되지 않았다. 그럼에도 불구하고 미디어 정보에 접한 조사 대상자는 판단할 수 있는 것처럼 착각하고 대답했다. '모르겠다,

무응답'은 전체 중에 얼마 되지 않았다.

이러한 예는 많이 볼 수 있다. 일본뿐만 아니라 해외에서도 같은 현상이 있었다. 1998년 2월 26일 마이니치신문은 당시 미국의 클린턴 대통령의 불륜 의혹에 관해 뉴욕타임즈와 CBS 텔레비전이 행한 여론조사의 결과를 전했다. 미국 국민의 59%는 '대통령이 백악관 전 실습생과 관계를 가졌을지도 모른다.'라고 생각한다고 보고되었다.

미국에서는 이런 종류의 여론조사가 최근 눈에 띈다. 부인을 살해한 용의로 체포된 O·J·심슨 사건 때도 '심슨은 유죄라고 생각하는가?'라는 여론조사를 실시했다. 이와 같은 사안에 관해 여론조사를 하는 것에 어떤 의미가 있는 것일까? 일반인들은 자체적으로 진상 파악을 할 수 있는 입장이 아니다. 입수 가능한 정보는 미디어에 의해 제공되고 있고 사람들은 그와 같은 미디어 정보에 기초하여 분위기에 따라 응답을 하는 것에 지나지 않는다. 그런데도 많은 사람들은 다른 사람의 불륜관계나 살인 용의에 관해 질문을 받으면 명쾌하게 대답한다.

미국에서는 일반 시민에 의한 배심원의 제도가 있으나 여론 조사에서 사람들에게 요구되는 판단과 배심원에게 요구하고 있는 것과는 다르다. 배심원은 법정에서 가능한 범위의 정보를 제공받고 그 위에 시민적인 상식에 기초한 판단을 요구받는다. 일반의 여론조사 응답자는 그 정도까지의 정보제공은 받지 못한다. 그러므로 대답은 단순히 미디어의 논조를 그대로 옮겨 말할 가능성이 높은 것이다.

3. 표명된 의견의 표층화

이와 같이 생각할 경우, 이번 조사에서 얻은 데이터를 어떻게 해석해야 하는 것일까 하는 문제가 발생한다.

신문의 논조가 사람들의 의견에 영향을 미치고 있는 것, 일부 텔레비전 뉴스의 시청 습관이 사람들의 의견과 관계하고 있는 것 등이 분명히 밝혀졌다. 이것은 사람들이 정보원에 의해 어느 정도 의견 형성에 영향을 받는 경우가 있다는 점을 시사한다. 여기에 패로팅(Parroting)이 일부 포함되어 있을 가능성이 있다. 세상에는 미디어 논조를 그대로 받아들이고 마치 자신의 내면적인 의견인 것처럼 착각하고 있는 사람도 존재하는 것이다.

예를 들면 이라크 자위대 파견에 관한 찬반 여부를 물었을 때 반대가 찬성을 능가하고 있다. 그러나 이후 2003년에 실시한 중의원선거에서는 자위대 파견을 정책으로 내세운 정당이 다수를 차지했다.

이와 같은 모순을 보면 각각의 쟁점에 대해 숙고의 결과 체계적으로 태도가 형성되고 있지 않은 것은 아닌가 하는 의문이 생긴다. 만약 잘 정리되어 숙고가 이루어졌다면 어느 쟁점에 관한 의견 형성은 다른 다양한 쟁점에 관한 의견 형성과도 유기적으로 연결되고 이와 같은 모순은 생기기가 어렵게 될 것이다.

당시 중의원선거에서는 자위대의 이라크 파견 문제를 여당 측이 의식적으로 쟁점에서 제외했다는 주장도 있다. 그렇지만 이와 같은 문제가 쟁점에서 제외될 수 있다는 점에 문제의 본질이 저절로 드러난다.

일본에서는 선거에 즈음하여 투표의사 결정은 지연이나 인간관계, 이해관계 등 전혀 다른 차원에서 이루어지고 있다는 지적도 있다. 그렇다면 이러한 점도 다양한 쟁점에 관한 태도 형성이 유기적인 구조를 갖고 있지 않다는 증거의 하나인 셈이다.

어느 쟁점에 대한 태도를 정확하게 형성하고 파악하는 것은 당연히 선거에서 각 정당의 정책을 음미하고 투표 의견을 결정하는 행동으로 연결된다. 투표의사 결정에 있어서 쟁점에 관한 판단보다도 직접적인 이해가 우선한다고 하는 것은 쟁점에 관한 태도가 의사결정에서 차지하는 비중이 낮기 때문이라고 생각된다. 여기에 패로팅(Parroting)이 생겨나는 계기가 있고 게다가 포퓰리즘이 자라난 토양이 형성된다.

쟁점에 관한 의견 표명이 표층적이 되면 민주주의적 시스템의 실효성이 제거될 가능성이 있다. 현대의 사회 상황에 있어 쟁점에 대한 우리들의 '숙고'가 서서히 침식되어 표면적인 이해가 퍼져 간다고 하면 어떻게 되겠는가? 정보원으로서의 미디어에 대한 사람들의 의존이 진행되어 최종적으로 사람들의 의견이 미디어로부터 그대로 옮겨지는 것에 끝없이 가까워진다고 한다면 어떻게 되겠는가? 그렇게 된다면 거대화된 미디어도 우리들의 숙고를 방해하는 방향으로 기능해 버리는 것은 아닐까가 염려된다. 지금 필요한 것은 태도 형성에 있어 우리 자신의 상태를 뒤집어 보고 숙고를 회복하는 것이다.

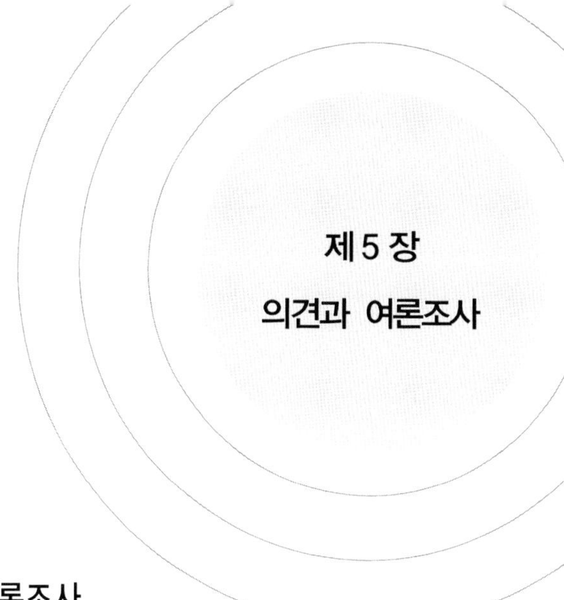

1. 여론 형성 도구로서의 여론조사

'태도'와 '의견'은 앞에서 서술한 것처럼 관계가 있고 각각 검토가 필요한 과제다. 사람들의 태도·의견과 여론과의 관계에 있어 여기에서 검토하지 않으면 안 되는 또 다른 문제가 있다. 그것은 미디어의 '논조'가 우리들의 '의견'에 영향을 주는 것과 같이 미디어나 기타 주체가 실시하는 '여론조사의 결과'가 우리 사회에 일정한 풍조를 만들고 사람들의 의견에 영향을 미친다는 문제다.

논조는 일정한 논리 전개를 우리들에게 의식시킨다. 이에 대해 여론조사 결과는 세상의 동향을 언뜻 보기에 '과학적 또는 객관적인 사실'로서 우리들에게 제시한다. 그리고 그와 같은 데이터는 우리들의 의견 형성에 깊이 관여하고 있다고 생각된다.

생각해 보면 분명히 매회 매회의 내각 지지율 조사가 기록적으로 높은 지지를 나타내고 그것이 대대적으로 미디어에서 보도된다면 무엇인가의 영향이 우리들 사이에 생긴다는 것은 쉽게 상상할 수 있다. 우리들의 의견이라고 공표되는 여론조사 결과와의 사이에 그와 같은 관계가 있다고 생각한다면 그 다음에는 어떤 의도를 갖고 여론조사를 실시하고 얻어진 데이터를 여론 형성에 활용하게 된다. 즉 현실에서 미디어는 '논조'와 더불어 여론조사 결과의 '데이터'도 여론 형성의 도구로써 사용한다.

이러한 것을 매우 이른 시기에 지적한 것은 사회 심리학자인 미나미 히로시(南博)였다. 그는 여론은 "여론조사의 이름을 빌려 권력자 측에서 만들어져 그것이 공론인 것처럼 흘러다니는 것도 있다."라고 하며, "이 경우에는 '민간'의 매스·미디어가 하는 보도 내용이 최대한 이용된다. 예를 들어 신문지상에 발표되는 '과학적'인 여론조사에서 다수를 차지한 의견이 마치 공론인 것과 같은 인상을 독자에게 준다. 그것을 본 독자는 그 의견을 배워 자신의 태도를 정한 뒤, 위장된 여론에 동조하고 실제로 여론이 한 방향으로 기울어지게 된다."고 말하고 있다.

미디어가 지금처럼 발달되지 않고 아직 여론조사의 실시 횟수도 적었던 1957년 시점의 지적이다.

2. 여론조사에서 요구되는 모럴

여론조사가 사회과학의 정통적인 방법으로 인식되기 시작한 것은 1930년대다. 배경에는 R·A 피셔에 의해 확립된 표본 추출의 이론과 이에 기초한 추측 통계학의 방법이 있었다. 사람들의 의견 분포를 과학적인 방법에 의해 파악하고 싶다는 요청은 각 방면에서 있었고 이후 방법적으로 세련되면서 지금은 다양한 조사 주체가 일상적으로 데이터 수집을 한다. 그러나 과학의 이름으로 하고 있는 데이터 수집·해석에는 일정한 규범이 존재한다. 데이터가 객관적 또는 방법적으로 타당한 절차를 거쳐 수집·해석된 것이 아니면 안 된다는 것은 말할 필요도 없다. 또한, 그 결과의 해석·운용에 있어서도 일정 수준의 윤리의식이 요구된다.

이와 같이 규범·도덕이 요구되는 이유는 두 가지다. 첫째, 조사는 과학적이고 객관적인 방법에 의해 실시되고 이끌어 낸 결과도 그 문맥상에서 이해된 것으로 정의하고 있기 때문이다. 사람들이 신봉하는 정의를 이용하여 조사의 틀과 조사방법을 왜곡하여 결과를 의도적으로 좌우하는 것과 같은 일이 있어서는 안 된다. 이러한 행위는 여론조사의 영역에서 가장 악질적인 조작으로 비난 되어야 마땅하다.

둘째, 여론조사는 조사대상자, 즉 광범위한 시민의 호의에 의해 성립되고 있다는 것이다. 안정적인 결과를 얻으려면 다수의 대상자로부터 자료를 수집하지 않으면 안 된다. 사람들은 조사의 의의를 이해하고 시간을 할애해 협력하여 답하고 있다. 이러한 사람들의 협력에 대하여 통상 조사에서는 매우 작은 사례품을 제공할 뿐이다. 사례품의 비용을 높이면 곧바로 조사비용이 크게 증가하게 되므로 사람들의 협력에는 도저히 알맞지 않은 작은 사례품만으로 대부분의 조사가 실시된다.

이와 같은 사람들의 호의적인 협력에 대해 조사자가 조사결과를 유효하게 활용해야 한다는 사회적인 책임이 생기는 것은 당연하다.

과거여론조사는 노력과 비용이 들기 때문에 한정된 기간까지 조사를 실시할 수 있는 주체가 한정되어 있었고 실시된 조사 수도 그 정도 많지는 않았다. 그에 비해 지금의 상황은 조사의 전성시대라고 볼 수 있다. 그러나 그 사이 조사의 방법이나 규범에 관해 높은 수준이 유지되어 왔는가 하는 점에는 의구상이 들다. 오히려 지금 그 문제가 심각화되고 있다고 볼 수 있다.

3. 유도질문

여론조사에서는 설문의 설정에 의해 응답의 왜곡이 생기지 않도록 세심한 배려가 필요하다. 이를 위해 질문문의 작성이나 배열에는 일정한 규범이 있다. 피조사자의 회답을 유도하는 질문이나 질문문의 배열에 의해 일정한 응답을 유도하는 일이 있어서는 안 된다. 이 점은 과학적인 여론조사의 모든 지침서가 전부 강조하고 있지만 가장 초보적인 이러한 규범조차도 따르지 않는 조사를 많이 볼 수 있다.

최근 미디어는 개별적 논조를 전개하여 사람들의 의견에 영향을 미치려고 한다. 이에 덧붙여 미디어가 사용하고 있는 다른 하나의 기법이 여론조사의 활용이다. 조사결과를 보여 주고, 이것에 의해 사람들에게 '사실'로서의 여론 분석을 제시하여 영향을 미치려 한다.

여론조사를 실시하면 다양한 의견 분포가 제시되고 우세한 의견과 소수파의 의견이 분명해진다. 나아가 우세한 의견에 동조하는 사람들이 나타나고 우세한 의견은 점점 더 힘을 얻어 간다. 그러나 사실 이 우세한 의견이 미디어에 의해 만들어진 것이며 여론조

사에 따른 결과물이 '여론'으로서 제시되어 여론에 더욱 동조자를
생기게 한다면 어떻게 되겠는가. 사회 전체가 위험한 상황에 처할
것은 틀림없다. 조사 설계에 일정한 의도가 작용했다고 생각하지
않을 수 없는 케이스는 이제까지 정부가 실시한 조사에서 많이 볼
수 있다.

다음에 제시한 것이 그 예들이다.

1999년 3월에 총리부 홍보실이 실시한 '사회자본의 정비'란 제
목의 조사는 전국의 2,183명을 대상으로 실시되었고 그중에서 다
음과 같은 질문들이 있었다.

Q20 사회적인 시설의 정비에는 토지가 필요합니다. 만약 당신이 살고 있
는 토지나 주택이 도로나 학교 건설 등의 공공사업을 위해 매수되는 경우
가 된다면 당신은 협력하는 편입니까. 가능하다면 협력하고 싶지 않은 편
입니까. 다음 가운데 당신의 기분에 가장 가까운 것을 선택해 주십시오.

자진하여 협력하는 편	20.3%
어쩔 수 없이 협력하는 편	47.6%
가능하다면 협력하고 싶지 않은 편	17.9%
절대 협력하고 싶지 않은 편	2.1%
모르겠다	12.1%

Q21 도로나 철도·학교 건설 등의 공공사업을 진행할 때 건물이나 토지
의 소유자가 반대하여 공사가 늦어지는 경우가 있습니다. "이러한 경우
에는 건물이나 토지를 토지수용법에 의해 강제수용해야 한다."라는 의
견이 있습니다. 당신은 그렇게 생각합니까. 그렇게 생각하지 않습니까.

그렇게 생각한다	26.8%
그렇게 생각하지 않는다	27.9%
한마디로 말할 수 없다	37.1%
모르겠다	8.2%

위의 조사에서는 '사회자본의 정비'라는 과제에 관해 Q17번 이후에 정비의 필요성을 의식시키는 질문을 배치한 후 토지의 수용에 관한 의견을 유도하고 있었다. 어떤 방향성을 갖는 질문문을 배열하는 한편 공공사업의 내용으로서 한정적인 예를 들어 Q20에서는 '자진하여 협력하는 편' 20.3%, '어쩔 수 없이 협력하는 편' 47.6%로 회답자의 3분의 2로부터 협력적인 회답을 이끌어 냈다.

또한, Q21에서는 토지의 강제수용을 긍정하는 회답을 회답자의 26.8%에서 이끌어 냈다. 공공사업의 예로 질문문에서는 학교, 도로 등이 강조되고 있으나 이 데이터는 모든 공공사업에 대해 적용되어 반대자에게 압력이 될 것이다.

정부기관이 실시하는 여론조사에 왜곡이 있다는 것은 큰 문제이나 오랜 시간에 걸쳐 사태는 개선되고 있지 않다. 예를 들어 1982년에 같이 총리부 홍보실이 전국의 2,392명을 대상으로 실시한 '자위대·방위문제'라는 조사에서는 다음과 같은 질문들이 있었다.

Q15 당신은 자위대가 이제까지 어떤 점에 가장 도움이 되었다고 생각합니까. 다음 중에서 하나만을 말해 주십시오.

(가) 국가 안전 확보(외국으로부터의 침략 억제)	9.3%
(나) 국내 치안 유지	6.3%
(다) 재해 파견(화재 시의 구급 활동이나 긴급	

환자 수송 등)	72.8%
(라) 민생 협력(올림픽의 지원, 불발탄의 처리, 평시의	
토목공사 등)	4.1%
(바) 기타	0.3%
(사) 모르겠다	7.3%

Q16 당신은 자위대가 이후 어떤 면에 역점을 두면 좋겠다고 생각합니까. 다음 중에서 하나만을 말해 주십시오.

(가) 국가 안전 확보(외국으로부터의 침략 저지)	45.4%
(나) 국내 치안 유지	15.3%
(다) 재해 파견(화재시의 구급 활동이나 긴급 환자 수송 등)	
	27.1%
(라) 민생 협력(올림픽의 지원, 불발탄의 처리,	
평시의 토목공사 등)	3.3%
(바) 기타	0.8%
(사) 모르겠다	8.1%

Q17 그러면 당신은 자위대는 있는 것이 좋다고 생각합니까, 없는 편이 좋다고 생각합니까?

있는 편이 좋다	81.7%
없는 편이 좋다	7.9%
모르겠다	10.4%

이상과 같이 자위대의 긍정적인 측면만을 질문한 후 Q17에서 '있는 편이 좋다' 81.7%의 응답을 이끌어 내고 있다.

응답비율만을 보면 국민 대다수는 자위대의 존재를 긍정적으로 받아들이고 있는 것처럼 볼 수 있다. 그러나 설문을 검토하면 이

응답 비율에 대해서는 의문이 생기게 된다.

4. 설문 방법에 따라 달라지는 결과

이상은 정부기관이 실시한 조사에서 볼 수 있는 예이고 오랫동안 문제가 지적되어 온 부분이다. 그러나 최근에는 미디어가 실시한 조사에서도 같은 문제점이 두드러지고 있다.

앞에서 말한 야스쿠니신사 문제와 관련해서도 신문 각지는 다른 응답 선택지로 조사를 실시하여 각기 다른 결과를 이끌어 내고 있다.

수상의 야스쿠니신사 참배에 대해 아사히신문은 '적극적으로 대응하기를 바란다', '신중하게 대응하는 편이 좋다'라는 선택지를 제시하고 각각 26%와 65%의 결과를 얻었다. 마이니치신문의 선택지는 '해도 좋다', '해서는 안 된다'였고, 각각 77%, 23%였다. 요미우리신문은 '찬성', '반대'의 선택지로 각각 40%, 34%의 결과를 얻었다. 가장 단순하고 문제가 적은 것은 요미우리신문의 회답 선택지이나 여기에는 24%가 '어느 쪽도 아니다'라고 응답했다.

2003년 7월 1일자 아사히신문이 공표한 여론조사 결과는 설문 순으로 먼저 '일본은 이라크의 재건에 관여하는 편이 좋다고 생각합니까, 아니면 그렇게 생각하지 않습니까?'라는 질문에 '관여하는 편이 좋다'가 68%를 나타냈고 바로 다음에 이어진 질문에서 '일본 정부는 이라크에 자위대를 파견하는 방침을 내세우고 있습니다. 당신은 자위대의 파견에 찬성입니까, 반대입니까'라고 물었고, '찬성'

46%, '반대' 43%의 결과가 나왔다. 같은 조사에서 미국의 이라크 공격에 대해 '지지' 22%, '반대' 67%이었고, 고이즈미 수상이 행한 미국에 대한 무력행사 지지표명에 대해서도 '찬성' 36%, '반대' 50%로서 종합해서 판단하면 자위대 파견에 관한 의견은 설문 순서의 영향을 받았을 가능성이 있다.

게다가 이라크 재건 지원에는 다양한 선택지가 있을 수 있는 가운데 그것을 자위대 파견과 직결시킨 질문을 한 것에도 의문점이 남는다. 재건 지원에는 자위대 파견 이외에도 다양한 방법이 있다. 자위대 파견은 단순한 재건 지원뿐만 아니라 장래의 자위대 위상까지 고려한 의도적인 것이라는 지적도 받고 있다. 이와 같이 생각해 보면, 공표된 조사결과에 현실 추인으로 이어지는 어떠한 계기가 내재되어 있는 것은 아닌가 뒤집어 볼 필요가 있다.

이것은 자위대의 이라크 파견과 관련해 이른 시점부터 찬성이 반대를 상회했다는 의미로 주목해야 할 데이터였다. 그 전후의 아사히신문의 논조를 보면 명확한 의도가 있었다고는 잘라 말하기 어렵다. 만약 의도가 없었다고 한다면 조사 설계상 문제가 있었다고 생각할 수밖에 없다.

5. 미디어에 요구되는 체크 능력

의도적인 조사 설계에 대해 매스미디어가 정확한 체크 능력을 갖고 있지 않은 점도 문제다. 조사에 대한 기초적인 이해 능력이 있으면 정부가 공개하는 데이터를 그대로 미디어에 게재해서 전달하는 일은 일어나지 않겠지만 부적절한 대응 사례를 자주 볼 수 있다.

1980년에 총리부 산하의 내각 총리대신 관방 홍보실이 전국 2,434명을 대상으로 실시한 '범죄와 처벌 등에 관한 여론조사'에는 다음과 같은 질문들이 있었다.

Q24 당신이 통근이나 쇼핑, 기타 외출할 때 성인전용 영화(포르노 영화)의 간판이나 성인 전용 잡지(포르노 잡지)의 자동판매기를 본 적이 있습니까.

자주 본다	24.1%
가끔 본다	37.1%
거의 볼 수 없다	21.0%
전혀 볼 수 없다	16.6%
모르겠다	1.3%

Q25 당신은 영화의 포스터나 간판, 텔레비전이나 영화, 주간지 등을 보면서 섹스에 관한 그림이나 사진이나 문장에 관해 어떤 느낌이 듭니까. 노골적이라고 생각합니까. 노골적이라고 생각하지 않습니까.

노골적이라고 생각한다	60.3%
노골적이라고 생각하지 않는다	19.8%
본 적이 없다	8.4%
모르겠다	11.5%

Q26 섹스에 관한 노골적인 그림이나 사진이나 문장은 고등학생 정도의 아이들에게는 보여 주지 않는 편이 좋다고 생각합니까. 그렇지 않으면 보여 줘도 괜찮다고 생각합니까.

보여 주지 않는 편이 좋다   69.6%

보여 줘도 괜찮다   18.4%

모르겠다   12.0%

Q27 '섹스에 관한 그림이나 사진이나 문장 등의 표현은 완전히 자유로워야 한다.'라는 의견이 있습니다만 당신의 생각은 어떻습니까.

매우 찬성   2.4%

굳이 말하자면 찬성   15.0%

굳이 말하자면 반대   47.5%

매우 반대   21.6%

모르겠다   13.5%

이상의 질문들에 의해 '굳이 말하자면 반대' 47.5%, '매우 반대' 22.6%라는 응답을 얻고 있다. '노골적인'이라는 언어를 강조해 사용하고 Q26에서 청소년을 의식시키면서 Q27에서 유도한 결과이지만 조사 결과를 일부 유력 미디어는 그대로 내보냈다.

1980년 11월 3일의 각지를 보면 요미우리신문은 "내각 홍보실, 조사 결과를 '제멋대로 읽음'"이라 하고 사태를 정확하게 분석한 기사를 게재하고 있었다.

또한, 사람들의 관심이 거의 높지 않다고 생각되는 쟁점에 관한 여론조사에서는 질문 중에 간절하게 쟁점 내용을 설명하고 그 후에 회답을 구하는 방법도 자주 사용된다. 다음은 그 한 가지 사례다.

Q11 서머 타임 제도를 도입하면 조명에 사용하는 전기의 절약 등에 보다 도움이 되는 것 외에 회사 퇴근 후(소위 애프터5) 낮 시간이 늘어나기 때문에 생활에 여유가 생겨 봉사 활동 등이 활발해진다고 기대하는 사람

도 있습니다. 하지만 한편으로는 시간을 맞추는 것이 귀찮다거나 잔업 시간이 늘어날 염려 등을 걱정하는 사람도 있습니다. 당신은 서머 타임 제도를 도입하는 것에 대해 어떻게 생각합니까.

이와 같은 방법은 관련하는 미디어 정보의 상기로부터 '패로팅 (Parroting)'에 연결될 가능성이 높다. 우세한 데이터 정보와 여론조사를 결합시킨 '정당화 수법'이 만연할 여지가 있다. 패로팅(Parroting)은 수용자 측의 문제이나 조사자 측이 패로팅(Parroting)을 활용하여 데이터를 수집하는 것도 점점 현실이 되고 있다.

6. 여론조사 신앙이 낳은 허구 – 출구조사

여론조사란 사람들에게 매우 큰 영향력을 갖는다. 세상의 큰 흐름이 어느 방향으로 향하고 있는가라는 것은 우리들에게 있어 중요한 정보다. 이제까지 논해 온 것은 일정한 결과를 의도하고 있다고 의심을 받기에 충분한 경우였다. 우리들은 조사 결과로서 제시된 데이터에 대해 비판 능력을 잃어버리고 있는지도 모른다. 조사를 만능시하고 데이터를 신앙으로 떠받드는 풍조가 퍼지고 있다.

이러한 상황을 이용해 조사를 우리들의 관심을 끌기 위한 도구로서 이용하는 경우도 나타나고 있다. 본래의 조사 방법에서 일탈하고 윤리적으로나 조사의 의식에 있어서도 매우 많은 문제를 포함하는 조사가 지금 대규모로 실시되고 있다. 선거 시에 하는 출구조사가 그 대표적 사예다.

출구조사는 우리들의 '의견'에 영향을 미칠 가능성은 낮다. 하지만 조사란 것을 마치 신앙으로 떠받들고 '데이터를 신뢰하는' 습관을 키운다는 점에서 여론조사 결과를 이용하여 의견 형성의 기반으로 만들고 있다고 생각된다. 그 정도로 출구조사는 대대적으로 활용되고 그 결과도 가능한 한 강조되어 제시된다.

일본의 경우, 출구조사 기법은 1990년대 이후 실용화의 궤도에 올랐으나 대규모로 이용되어 주목받은 것은 1996년 10월 중의원선거의 개표 속보부터였다. 보도 각 사는 각자가 실시한 출구조사 결과를 최대한 활용하여 격렬한 속보 전쟁을 전개했다. 조사대상자 수로 보면 NHK가 전국에서 40만 명 규모이고 민방 각 사도 각각 20만에서 30만 명 규모의 조사를 실시했다.

출구조사 결과로부터 각 사는 당파별 획득 의석수를 예측하고 그 예측치를 오후 6시의 투표 마감 직후에 일제히 공표했다. 니혼TV는 오후 6시 전부터 카운트다운을 하고 6시가 됨과 동시에 예측치를 보도하는 퍼포먼스까지 했다. 타 방송사들도 차이를 두지 않고 예측치를 공표함으로써 이 시간대에 각 당별 획득 의석수의 예측 전쟁이 벌어졌다.

필자는 이것이 선거 보도의 정형으로서 정착, 확대되는 일이 있어서는 안 된다는 문제를 제기했으나 사태는 전혀 개선의 여지를 보이지 않고 있다.

일본뿐만 아리나 다른 나라들도 출구조사를 새로운 기술로 인식하여 활용하고 있다. 미국에서도 출구조사가 폭넓게 활용되고 있는 것은 주지의 사실이다. 앞선 대통령 선거에서는 각 후보가 획득한 표의 사후 분석까지 출구조사 결과가 활용되었다. 아시아권에서도 한국이 1995년 6월 지방선거에서 법률 위반임을 알면서도 출구조사를 실시하여, 개표결과를 적중시킨 예가 있었다. 하지만 이후 한국에서는 출구조사 결과를 과신한 결과 보도에 문제가 발생했고, 일본에서도 2003년의 중의원선거에서 각 당의 획득 의석수를 출구조사 결과가 크게 벗어나는 사태가 일어났다.

그럼에도 보도 각 사는 출구조사를 주축으로 삼고자 하고 있다. 배경에는 방송 각 사의 편성상의 요구가 존재한다. 기존의 개표 속보 보도에서는 투표의 마감에서부터 제1회 선관위 발표까지의 시간대가 정보의 공백이 되기 일쑤였다. 출구조사결과는 이 시간대를 메울 수 있는 인기상품인 셈이다.

그러나 출구조사는 조사라고는 하지만 본연의 논리 및 취지로부터 보자면 완전히 허구라고 말할 수 있다. 원래 조사란 무엇을 위해 하는 것인가를 살펴보면 이것이 명백해진다. 조사란 어느 큰 집단, 즉 모집단에 관해 무엇인가의 정보를 필요로 할 때 실시되는 것이다. 일상적으로 실시되고 있는 시청률조사나 각종 여론조사는 어느 지역의 사람들이나 어느 계층의 사람들 또는 전국의 국민과 같이 모집단을 정하고 그 모집단에 속한 사람들의 의견이나 태도, 행동을 알기 위해 일정수의 샘플을 선택하여 조사를 실시한다. 모집단의 전원에 관해 조사하는 것은 거대한 노력과 비용이 들기 때문에 소수의 샘플을 추출하여 조사하고자 하는 사항에 관해 샘플 내의 분포를 조사하는 것이다.

샘플 내의 분포로부터 모집단 전체의 분포를 추측하기 위해 샘플을 선택할 때에는 '무작위추출'이란 기술이 필요하고 이 방법에 의해 얻어진 결과에 통계학의 이론을 적용하여 전체를 추측할 수 있다. 그렇게 얻어진 것은 어디까지나 '추측치'이고 당연한 것이지만 일정한 '오차'가 포함된다. 조사기술상으로는 이 오차의 범위를 가능한 한 작게 하기 위해 커다란 노력을 기울인다.

반복하여 요약하면 조사란 다수에 관해 알고자 하는 것이 있는 경우에 일정한 방법에 의해 소수의 샘플을 추출하고 그 샘플의 관찰 결과에 기초하여 전체의 상황을 '추정'하는 방법이고 이 추정에는 '계산할 수 있는 오차'가 따른다.

조사의 본질은 이런 것이고 이에 비추어 보면 출구조사의 허구성은 분명해진다. 현재 실시되고 있는 출구조사의 목적은 '일본 전국의 투표 결과 추측'이다. 또는, 투표 결과에 기초한 각 후보자의 당락, 각 정당의 획득 의석수의 예측일 것이다. 그러나 투표 결과는 투표 종료와 동시에 전국 모든 투표 상자 안에 '확정'된다. 다만 집계가 끝나지 않은 것뿐이다. 투표 상자가 안에 확정하고 있는 표의 내역에 관해 거대한 비용과 인력을 들여 대규모 조사를 실시하고 '추정'하는 것이 출구조사다. 투표함 속의 표의 내역은 이미 움직일 리가 없다. 그리고 몇 시간 후에는 공식적으로 집계·공표된다.

이미 말한 '모집단'이란 개념을 사용하면 이 경우 '모집단은 전국의 투표 상자에 들어 있는 내용'이다. 이 모집단은 몇 시간 후에 1위까지 정확하게 판명된다. 이와 같은 확정 사항을 추정할 필요는 없다. 결과 판명을 기다리기만 하면 되는 것이다. 현재 행해지고 있는 조사가 '픽션'이고 연출에 지나지 않다는 '증거'가 여기에 있다.

기존의 선거 여론조사에서도 이런 종류의 데이터 허구성은 어느 정도 따라다녔다. 며칠부터 몇 주간 전에 선거 종반의 정세를 분석하는 조사는 '투표 종료 후에 명확하게 판명될 사실을 추정하고 있다.'는 의미에서 무용하다고 말할 수 있다. 그러나 이들의 조사는 투표 의향뿐만 아니라 사람들의 투표 동기나 쟁점, 인지 등도 함께 조사하고 있어 조사 의의로서는 정당화 될 수 있는 부분도 있다. 반면, 출구조사는 사람들의 투표 결과밖에 파악하지 않는다. 따라서 얻을 수 있는 것은 허구성을 지닌 데이터일 뿐이고 조사의 의의가 없다. 위와 같은 의문에 더해 출구조사에는 오차 계산을 할 수 없다는 방법상의 약점도 명확하게 지적된다.

선거제도의 개혁에 수반하여 방송 각 사의 개표 속보는 크게 변화했다. 종래의 중선거구 시대에는 각 선거구에서의 경합 상황을 시시각각 변화하는 개표상황과 동시에 보도하고 타사보다 발 빠르게 당선을 확정하기 위해 경쟁을 했다. 유권자도 일본 각지의 선거구 상황을 계속하여 지켜보고 개별 후보자의 당락 정보를 받아들였다. 즉 개별 후보자의 당락이 개표 속보의 중심이었다.

그러나 현재와 같은 중의원선거의 개표 속보에서 중심은 각 당의 획득 의석수다. 300개가 넘는 선거구가 있으면 각 선거구에서 개별 후보자의 당락은 개표 속보의 중심에 있을 수 없다. 선거구 정보를 북쪽에서 남쪽까지 전국 네트워크로 커버하면 한 선거구를 10초에 커버한다고 해도 전 선거구를 한 번 도는 데에는 50분이 걸린다는 계산이 나온다. 이것 때문에 지금 개표 속보에서는 주목 선거구 이외는 선거구 동향은 거의 다루어지지 않고 당선확정자라는 자막만이 많이 활용된다.

대신 쟁점이 되는 것이 각 당의 당파별 획득 의석수다. 2003년 총선거에서는 각 사가 똑같이 시시각각 각 당의 합계 당선 확정자 수를 보도했다. 그 사이 각 방송사 간에 시간대마다 당선 확정자

수에 꽤 많은 차이가 있었던 점이 지적되었고 당초 민주당의 획득 의석수를 많이 예측한 방송사 등은 후에 비판을 받았다.

그러면 시시각각의 당선 확정자 수 합계에 도대체 어떤 의미가 있는 것인가. 각 사는 이미 각 당파의 최종 획득 의석수의 예측을 개표 속보 방송 초기에 명시했기 때문에 도중의 경과나 숫자는 거의 의미가 없다. 의미가 있다고 하면 '각 사의 예상이 적중할 것인가가 도중 경과로 예상할 수 있다.'라는 정도이나 이렇게 되면 정보는 자기 증식하는 것에 지나지 않는다.

이와 같이 생각하면 우리들은 도대체 개표 보도의 무엇에 관심을 갖고 있는가라는 문제에 직면하게 된다. 실은 우리들의 정보행동 중에는 미디어에 의해 촉발되어 흥미를 갖게 되는 경우를 자주 볼 수 있다. 다양한 정보 중에는 실체를 수반하지 않은 것도 많이 있지만 우리들은 미디어가 만든 분위기에 실려 관심을 갖게 되고 흥분한다.

개표 속보도 이와 같은 성격을 강요하는 것은 아닐까. 그리고 보도 각 사는 출구조사라고 하는 일견 과학적인 도구를 내세우고 우리들의 관심을 빗나가는 방향으로 유도하고 있는 것은 아닌가? 조사 윤리란 관점에서 보면 용인할 수 없는 상황이 진전하고 있다고 생각된다.

7. 데이터에 대한 감성

여론조사의 데이터는 움직일 수 없는 사실로서 받아들이기 쉽다. 여태껏 보아 온 것과 같은 다양한 사례는 데이터가 사람들에게 큰 영향을 미치고 있다는 것이 분명함을 보여 준다. 그러나 데이터에 대해 한 걸음 거리를 두고 평가해 보는 것도 필요하다. 예를 들어 내각에 대한 지지율이 어떤 여론조사를 봐도 80%를 넘는 경우 무엇인가가 이상하지는 않은가 하고 의심해 볼 감성도 필요한 것이다.

어떤 문화권에서는 문제에 대한 의견이 전원 일치로 된 경우 그 결론을 채용하지 않는 습관이 있다. 유대인의 지혜로 이 습관이 소개된 적도 있었다. 여기에서 기본은 보통 사람들은 다양한 생각을 가지고 있고 전원이 일치하는 것은 무엇인가 다른 요인이 작용하고 있을 가능성을 의심해 볼 필요가 있는 것은 아닌가 하는 사고방식인 것이다.

이것은 집단의 이해에 있어 매우 깊은 통찰을 내포하고 있다. 이 사고방식이 침투하고 있는 한 전체주의에 흔들린다거나 선정주의에 선동되거나 포퓰리즘의 공격에 호락호락 휘둘리는 위험성은 감소된다. 많은 사람들이 한 방향을 향하기 시작한 것이 데이터에 나타나면 동시에 경계경보가 감지되는 것이다.

이와 같이 생각하면 고이즈미 내각 지지율은 높은 경계 수준이 필요한 사태였는지도 모른다. 정치 실태와는 다른 요인이 작용하고 있었다고 생각하는 것이 타당할 것이다.

내각 지지율 이외에도 데이터에 대해 다른 각도에서 볼 필요가 있는 경우가 많다. 예를 들어 연말에 방송되는 NHK의 「홍백가요전」을 보면, 예전에는 80%의 시청률을 간단하게 넘는 프로그램이었다. 연말에 TV 보유 세대의 80% 이상이 같은 프로그램에 채널을 맞추고 있는 상황이란 사회문화적으로 생각할 경우 어떻게 평가될 것인가. 당시 연말이면 가정 내에서 텔레비전을 보고 있었던 것은 한 사람만이 아니고 아마 다수의 가족이 동시에 시청하고 있었던 것에 틀림없다. 사회문화적으로 생각하면 이상한 일에 가까운 것은 아니었을까. 적어도 다른 문화권에서 온 사람이 이 상황을 객관적으로 바라보면 어느 정도 이상함을 느낄 수 있었을 것이다.

최근 NHK는 「홍백가요전」의 시청률이 떨어지고 있다고 고심하고 있는 것 같다. 그러나 아직 시청률은 50%에 가까운 숫자다. 다른 각도에서 보면 정상에 많이 가까워지고는 있으나 꼬집어 말하면 아직도 이상할 정도로 높은 수치다.

정치경제의 분야에서도, 사회문화의 분야에서도 세상은 다양한 사람들이 모인 것이고 의견이나 행동은 항상 분산되는 것이 상식이다. 객관적인 데이터가 어느 정도의 집중을 나타낸 때에는 주의할 필요가 있다. 무엇인가 다른 요인이 작용하고 있다거나 또는 이와 같은 상황을 만들어 내려고 하는 의도가 배경에 존재할 가능성이 있다. 지금과 같이 여론조사가 빈번하게 행해지고 있는 상황에서는 이 점을 염두에 둘 필요가 있다. 제시된 데이터를 그대로 받아들이지 않고 그것을 다양한 각도로부터 음미하는 감성이 요구된다고 하겠다.

자료 조사표의 질문

1 당신은 고이즈미 내각을 지지합니까.

① 지지한다   51%
② 지지하지 않는다   38%
③ 모르겠다/무응답   10%

2 수상의 야스쿠니신사참배에 대해 당신을 어떻게 생각합니까. 다음에 적힌 것에서 골라 주십시오.

① 공식적으로 참배해야 한다   25%
② 사적으로 참배해야 한다   44%
③ 공적으로든 사적으로든 참배하지 않아야 한다   23%
④ 모르겠다/무응답   7%

3 당신은 현재의 헌법을 개정할 필요가 있다고 생각합니까. 아니면 개정할 필요가 없다고 생각합니까.

① 개정할 필요가 있다고 생각한다   53%
② 개정할 필요가 없다고 생각한다   33%
③ 모르겠다/무응답   13%

'개정할 필요가 있다' 라고 대답한 사람만을 대상으로 SQ. 그러면 당신이 개정할 필요가 있다고 생각하는 이유는 무엇입니까. 다음에 제시된 세 가지 중에서 1개를 골라 주십시오.

① 미국으로부터 강요된 헌법이므로   4%
② 국제사회에서 역할을 다하기 위해 필요하므로   7%
③ 시대가 변해서 대응할 수 없는 문제가 생겼기 때문에   42%
④ 모르겠다 / 무응답   1%

4 원자력 발전에 대해 당신을 어떻게 생각합니까. 다음에 제시된 것 중에서 1개를 골라 주십시오.

① 앞으로도 적극적으로 추진해야 한다　40%
② 앞으로는 폐지하는 쪽으로 가야 한다　43%
③ 모르겠다 / 무응답　18%

5 전쟁에 대해 다음과 같은 의견이 있습니다.

a. 제2차 세계대전은 아시아 국가들에 대한 일본의 침략전쟁이었다.
b. 제2차 세계대전은 자본이 적은 일본이 살기 위해 어쩔 수 없는 것이었다.

당신의 의견은 어느 쪽에 가깝습니까.

① a에 가깝다　52%
② b에 가깝다　33%
③ 모르겠다 / 무응답　16%

6 현재, 히노마루가 국기, 기미가요가 국가로 법률 제정되어 초·중·고등학교 졸업식에서 국기게양, 국가제창이 의무화되어 있습니다. 당신은 이러한 것에 대해 찬성하십니까. 아니면 반대하십니까.

① 찬성　66%
② 반대　23%
③ 모르겠다 / 무응답　11%

7 일본이 무력공격을 받을 경우를 상정한 유사법제가 제정되었습니다. 당신은 이 법률이 필요하다고 생각하십니까. 아니면 필요하지 않다고 생각하십니까.

① 필요하다　64%
② 필요하지 않다　22%
③ 모르겠다 / 무응답　14%

8 정부는 이라크에 육상자위대를 파병할 방침입니다. 당신은 이러한 파병에 찬성하십니까. 아니면 반대하십니까.

① 찬성　　　　　　　　　　　　　　　　　33%
② 반대　　　　　　　　　　　　　　　　　57%
③ 모르겠다/무응답　　　　　　　　　　　10%

M 당신은 1일 평균 어느 정도 신문을 읽습니까. 평균 15분 이내입니까, 15분 이상입니까.

M 당신이 자택에서 구독하고 있는 신문은 무엇입니까.(그것뿐인지를 확인)

① 아사히신문　　　② 마이니치신문　　　③ 요미우리신문
④ 닛케이신문　　　⑤ 산케이신문　　　　⑥ 스포츠지
⑦ 기타(영자지, 기관지, 지방지 등)

M 당신은 저녁 5시대, 6시대에 TV뉴스를 시청하십니까. 1주에 2, 3회 이상 보고 있는 프로그램이 있으면 알려 주십시오.

① NHK 수도권 네트워크　　　　　② NTV 뉴스플러스1
③ TBS 뉴스의 모리　　　　　　　　④ CX 슈퍼 뉴스
⑤ ANB J챈　　　　　⑥ 거의 보지 않는다 / 별로 보지 않는다 / 기타

M 당신은 밤 10시대, 11시대에 TV뉴스를 시청하십니까. 1주에 2, 3회 이상 보고 있는 프로그램이 있으면 알려 주십시오.

① NHK 뉴스10　　　　　　　　　② NTV 오늘의 사건
③ TBS 키쿠치 테츠야 NEWS 23　　④ CX 뉴스 JAPAN
⑤ ANB 뉴스스테이션
⑥ 거의 보지 않는다 / 별로 보지 않는다 / 기타

전후 일본 미디어의 궤적

1. 전후 미디어 재편과 전전(戰前) 체질의 계승

1) 그늘진 점령정책

미디어의 위상은 나라에 따라서 다양하며 그 기능도 나라에 따라서 다르다. 일본 국내에서 미디어가 각각의 논조를 전개하고 여론 형성에 일익을 담당한다고 한다면, 그것은 현재 일본 미디어의 모습을 반영하는 것에 다름 아니다. 미디어의 모습은 긴 역사 속에서 배양되어 온 것이다. 그동안의 프로세스를 이해하기 위해서는 미디어의 역사를 한 번 더 되돌아볼 필요가 있다. 기본적으로 지금의 일본 미디어는 제2차 세계대전 종결 후에 만들어진 제도를 바탕으로 활동하고 있다. 그래서 일반적으로 미디어는 패전 이후 민주화되었고 전쟁 전과는 달리 자유롭고 독립적으로 재출발하여 지금까지 활동해 왔다고 알려져 있다. 그러나 이 점에 관해서는 상당히 세심하게 검토할 필요가 있다. 실태는 그렇게 단순한 것이 아니기 때문이다. 오히려 일반적으로 알려져 있는 것과는 상당한 괴리가 있다고 보는 편이 보다 현실에 가깝다. 종전(終戰)을 경계로 대규모 조직이 커다란 전환점을 경험한 것은 확실하다. 그러나 거의 동일한 인물이 활동하고 있다면 기본 체질의 근본적인 변화가 가능한 것일까.

일본과 독일의 전후 처리가 종종 비교가 되곤 한다. 그 차이의 근본은 점령형태의 차이에 있다. 연합군은 각 나라별로 독일을 분할하여 통치하였다. 그것은 직접통치였다. 이전의 통치기구는 모두 개조되었고 각각의 점령지역에 새로운 통치형태가 형성되었다. 매우 자연스러운 형태로 분할되어 분권화가 이루어졌다. 그것은 전체주의에 대한 강한 반성이라는 시대적 요청에 의한 것이었다. 전체주의에 대한 반성은 통치기구에만 그치지 않았다. 미디어도 엄중한 비판하에 개혁되었다. 신문을 예로 들면, 전쟁 전에 발행되고 있던 것은 모두 발행이 정지되었고 동일한 제호하에 발행하는 것이 금지되었다. 실질적인 폐간이었다.

반면, 일본의 점령 형태는 전혀 달랐다. 연합군에 의한 점령이었지만 실질적으로는 미군 단독에 의한 점령통치였다. 그리고 간접통치가 채용되었다. 간접통치하에서는 그 나라 국민이 행정 실무를 담당한다. 통치자는 행정에 대하여 지도하고 명령한다. 이러한 통치를 실질적으로 담당한 것은 당시 연합군 총사령관이었던 맥아더이다. 그의 방법론은 명확했다. 즉 전쟁 전 일본의 중앙집권적 통치기구를 최대한 온존시키면서 그것을 유용하게 활용하는 것이었다. 군부나 관련 조직과 같이 해체해야 마땅한 부분에 대해서는 철저한 조치를 도입했지만, 관료조직이나 의회조직은 일부 수정만

가했을 뿐 대부분 그대로 살려 두었다.

이러한 맥아더의 전략은 천황제에 대한 취급에서 현저히 드러난다. 그는 천황 제도를 개혁하면서 상징적인 형태로 남겨 두었다. 맥아더에게 있어서 천황제도는 이용가치가 극히 높았기 때문이다. 천황과 맥아더가 함께 찍은 유명한 사진이야말로 천황 제도를 이용하고자 하는 맥아더의 방침을 잘 보여 주고 있다. 프록코트(frock coat)에 예를 갖추고 직립부동 자세로 서 있는 쇼와 천황 옆에서 넥타이도 매지 않고 바지 주머니에 손을 넣은 채 한쪽 발에 체중을 싣고 서 있는 맥아더의 사진은 선전용으로는 상당히 노골적이었다. 그가 의도했던 것은 전후(戰後) 일본인의 마음속에 커다란 존재였던 천황을 이용하여 그 천황 위에 자신이 군림한다는 것을 명확히 과시하는 것이었다.

중앙집권적 기구를 가능한 잔존시키고 그 정점에 선다는 것은 간접통치를 실시하기 위해 가장 효과적인 동시에 힘이 덜 드는 방법이다. 그러나 그렇게 해서 이루어진 것은 '민주주의'와는 거리가 먼, 많은 모순을 내포하는 것이었다. '민주주의'는 맥아더 통치 시대의 상징이었으며 어떤 분야에서는 '민주화'라고 말하기에 충분할 만큼의 개혁도 이루어졌다. 그러나 전후 일본은 극히 중요한 부분에서 전쟁 이전 시스템을 계승하였으며 그것이 부정적인 유산으로 남은 것이다.

그것을 명확히 분석한 연구도 있다. 미국의 역사학자 존 타워는 미국의 일본점령정책이 일본을 재생시켰다는 의미에서 '흔치않은 성공'이라고 평가하면서도, 그것은 식민지와 같이 '위로부터의 개혁'이었다는 부정적인 측면도 지적하고 있다. 맥아더는 관료조직에는 "편의상 손을 대지 않았다. 기존의 경로를 사용하는 편이 점령 정책 실현에 용이했다."고 분석하고 있다. 그뿐만 아니라, 통상산업성 창설과 같이 관료조직을 강화하여 권력을 소수의 손에 집중시켰다.[1] 그것은 관청 중심의 '관료주의'를 일본에 존속시키는 결과를 불러온 것이었다.

또한 맥아더에 의한 위로부터의 개혁은 "권력을 수용하는 사회적 태도를 잔존시켰다."고도 분석하였다. 점령군의 검열이 전형적인 사례인데, 민주주의를 표방한 통치는 투명성이 결여된 상위하달 방식이었으며 일체의 논평은 허락되지 않았다.

간접통치를 실시하는 경우, 각 행정기구가 민주적으로 다양한 형태를 추구한다면 통치자는 이에 대한 대응에 쫓길 수밖에 없다. 그보다는 행정기구가 중앙집권화되어 있는 편이 훨씬 효율적이다. 중앙집권화된 조직은 가능한 그대로 남겨 두고 그 피라미드 위에 자기 자신을 위치시킨 것이 맥아더였다.

이러한 맥아더의 통치방법이 오늘에 이르기까지 일본 행정기구에 그림자를 드리우고 있다. 중앙관료의 절대적 권한이 다양한 형태로 비판받고 있지만 이러한 조직형태의 원류는 전후 점령군 시대로 거슬러 올라갈 수 있으며, 전쟁 전의 중앙집권기구에 대한 근본적인 개혁과 분권화를 이루지 못한 채 그대로 온존시킨 점령 정책에 그 원인이 있다고 할 수 있다.

---

1) ダワー、ジョン、三浦・高杉・田代訳『敗北を抱きしめて』(下)、岩波書店、2001年、pp.431－422.

2) 미디어는 민주화되었는가?

이러한 점령정책 속에서 미디어는 어떻게 취급되었을까. 이 부분에서도 독일과의 차이는 명료하다. 전쟁 이전의 유력 미디어는 민주화라는 이름하에 간부 추방이나 조직 개정을 거쳤지만 전후에도 대부분이 그대로 활동을 계속하도록 용인받았다. 아사히, 마이니치, 요미우리와 같은 주요 신문도 동일한 제호하에 신문을 계속 발행할 수 있었다. NHK도 마찬가지이다. 약간의 조직 수정이 있었고 정식 조직명도 '사단법인 일본방송협회'가 '특수법인 일본방송협회'로 변경되었으나, NHK라는 이름하에 방송을 계속하게 되었다.

이것이 무엇을 의미하는가는 명백하다. 이러한 조치는 맥아더 전략의 일환이었다. 맥아더는 자신의 통치 전략을 실현시키기 위하여 미디어 기관이 필요했다. 이 때문에 전쟁 전부터 일본인에게 깊이 침투되어 신뢰받고 있는 미디어를 그대로 이용하고자 한 것이다. 맥아더는 미디어의 효과를 발휘시키기 위하여 전쟁 전부터 일본인이 인지하고 있는 주요 미디어를 존속시켰다. 다만, 미디어 활동에는 엄격한 통제를 가하였다. 미디어에 부과된 프레스 코드 및 라디오 코드가 그 구체적인 예이다. 예를 들어 점령군이나 점령정책에 관한 비판은 엄격하게 통제되었다.

전쟁이 끝난 후 미디어가 민주화되었다는 것이 일반적인 생각이다. 그러나 전후에 살아남아 민주화되어 재출발했다고 일컬어지고 있는 미디어가 실제로는 가장 엄격한 통제하에 놓여 있었다는 것은 의심할 여지가 없다. 당시의 주요 매스미디어는 연합군총사령부의 엄격한 통제하에서 홍보 선전활동의 한 축을 담당하였다. 물론 모든 활동이 그러했다고는 할 수 없지만 기본적으로 그러한 성격을 띠고 있었다.

일본의 주요 미디어는 왜 유유낙낙하며 연합군총사령부의 검열에 따른 것일까? 이것은 전쟁 전에 일본의 주요 미디어에서 활동했던 거의 대부분의 인재가 그대로 전쟁 이후로 이행되었다는 것과 깊은 관계가 있는 것은 아닐까. 전쟁 전의 활동을 총괄하고 반성하여 붓을 꺾은 저널리스트는 극히 드물다. 대부분은 전쟁 전은 물론 전쟁 후에도 모두 일터에 머물렀다. 이러한 저널리스트들에게 있어서 연합국 총사령부의 규제는 전쟁 전의 규제와 본질적으로 유사한 것이었으며, 일상적으로 규제를 받아 가며 자신의 활동의 틀을 구축하는 것은 전쟁 이전과 거의 동일한 것으로 볼 수 있다.

미디어 조직 중에서 전쟁책임을 고려하여 새로운 형태와 위상을 강구하고자 하는 움직임이 없었던 것은 아니다. 각 신문사별로 '민주화운동'이 일어났었다는 것은 많은 연구를 통해 잘 알려져 왔다. 또한 사설에서도 스스로의 전쟁책임을 언급한 예도 다수 있었다.

하지만 전쟁책임에 대한 신문사들의 자기검증이 극히 불충분했으며 양적으로도 부족했다는 것이 미디어 연구자들의 일치된 견해다. 예를 들어, 1945년 8월 23일 아사히신문 사설 〈스스로를 벌하는 변론〉은 자발적으로 전쟁책임을 명확히 했다는 점에서 높은 평가를 받고 있다. 그러나 그 안에서 표명된 논리를 상세하게 검토한 연구에서는 언론기관의 책임에 대해 극히 불충분하고 불명확하게 논하고 있다고 비판하면서 "8월 23일 전후 신문에 실린 '스스로를 벌하는 변론'서의 전쟁책임에 대한 보잘것없는 자각은 이른바 제철 지난 꽃을 보는 것 같았다. 그렇기 때문에 이후 신문계 전체가

이 단 하나의 사설에 달려들었다.”고 비판하였다.[2]

미디어 역사에서는 전후의 한 시기에 신문이 스스로의 책임을 검증했다고 보는 시각이 있다. 그러나 자료에 근거하여 면밀히 검증한 많은 연구에서는 전쟁책임에 대한 자각과 검증이 불충분했음을 지적하고 있다.

3) 미디어가 전쟁 이후에 계승한 것

이와 같이 미디어 연구자의 분석을 살펴보면 거대 주류 미디어는 전쟁 이전부터 이후에 걸쳐 진정한 의미에서의 전쟁책임을 청산하지 않은 채 전후 시대에 진입하였다는 비판적 시각이 설득력을 지닌다. 미디어는 전쟁책임을 제대로 청산하지 않음으로써 전쟁 이전의 어떤 체질을 계승하였을까. 첫째는 규제에 대한 일종의 순응이다. 그것이 연합군총사령부와의 관계에서 큰 물의를 일으키지 않으며 일상적인 활동을 가능케 하였다. 둘째는 체제에 대한 접근이다. 전쟁 전의 미디어는 군국주의체제하에서 엄격한 통제하에 놓여 있었으며 언론의 자유는 박탈당했었다는 것이 오늘날의 일반적인 시각이다. 그러나 자료에 근거하여 엄격하게 고증한 연구자에 의하면 실체는 좀 달랐다는 지적이다.

미디어는 전쟁에 적극적으로 관여하고 국민을 동원하였으며 이를 통해 발행 부수를 늘려 커다란 수익을 손에 넣었다는 분석이

---

2) 総合ジャーナリズム研究編集「新聞の責任／8・15をどう受けとめたか」『総合ジャーナリズム研究』1967年8号、pp.320—339.

바로 그것이다. 예를 들어 전쟁터의 병사에 대한 위문운동을 들 수 있다. 1931년 9월에 시작된 위문운동에서 아사히신문의 경우 1932년 6월 6일까지 접수된 '만주상해사건 장병위문금'의 총계가 45만 엔을 넘어섰다. 이것은 육군성이 공표한 숫자의 약 10%에 해당하는 것으로, 대신문이 위문운동의 주역을 담당했다는 것을 알 수 있다.3) 또한 전쟁터에서 돌아온 특파원으로 하여금 전국 각지를 돌며 강연을 하게 하고 듣기 좋은 이야기로 국민을 열광시켜 커다란 수익을 올린 신문사다.4)

물론 언론 통제는 있었지만 주류 미디어가 다양한 캠페인을 통해 체제에 적극적으로 협력했다는 사실을 간과해서는 안 된다. 스스로 체제와 대립하는 입장에 서지 않는다는 행동규범이 전쟁 전후를 관통하며 일관되게 유지되어 온 것이다. 그러한 일관성은 미디어 내부의 책임 있는 사람들로 하여금 일상의 판단을 용이하게 하는 것이었으며 경험을 살릴 수 있는 여지도 크기 때문에 굉장히 쉽게 받아들이게 된 것은 아닐까. 그래서 주류 미디어는 전후 개혁에도 불구하고 그 지위를 보전하며 전쟁 이전의 체질을 그 근저에 잔존시킨 채 활동의 폭을 점차 확대하고 강화해 왔다고 볼 수 있다.

이것을 여실히 증명하는 사례가 있다. 시브타니 다모츠(シブタニ・タモツ)는 『루머와 사회(流言と社會)』라는 저서에서 전후 일본에서 유포된 맥아더 관련 소문을 소개하였다. 그것은 "맥아더의 선조 중에 일본인이 있어 그에게 일본인의 피가 흐르고 있다."는 것이었다. 이 소문은 집단심리라는 관점에서 극히 흥미로운 것이

---

3) 江口圭一『日本帝国主義史論』青木書店、1975年、p.184.
4) 酒井寅吉『戦後ジャーナリズム』大和選書、1968年.

다. 이와 동시에 당시의 정보환경도 반영하고 있다.[5]

전쟁 중에 미디어는 적에 대한 선전을 담당하고 있었으며 다양한 슬로건이 선전되었다. 전쟁 초기에 일본군의 공격을 받아 "나는 돌아올 것이다(I shall return)."라고 말하면서 필리핀을 탈출한 후, 미군을 지휘하여 레이테 섬으로 반격해 돌아온 맥아더는 적군의 주요 표적 중의 한 명이었다. 니미츠(C. H. Nimitz) 해군제독과 함께 "나와라 니미츠, 맥아더. 나오면 지옥에 거꾸로 떨어질 것이다."라는 유명한 문구의 중심인물이기도 했다. 이른바 짐승 같은 영미를 재현하는 인물이었던 것이다.

그 맥아더가 전후 점령군의 최고책임자가 되어 일본에 군림하게 되었다. 미디어는 그 권위자 아래에서 엄격한 검열을 받으며 활동을 재개하였다. 그때 미디어는 맥아더를 전후 일본 개혁의 중심인물이며, 국민 개개인의 권리를 회복하면서 민주화를 추진하는 만능 사령관이라고 찬미했다. 미디어가 공급하는 정보 중에서 '맥아더 원수(元帥)'의 동향이나 정책에 대한 긍정적인 평가가 커다란 부분을 차지했다. 분명 연합군총사령부의 지도도 있었을 것이다. 그러나 미디어는 총사령부의 지도에 단지 따르기만 한 것이 아니라, 보다 적극적으로 '맥아더 원수(元帥)'가 일본인에게 행복을 가져다 줄 것이라며 영웅 취급을 했다. 전쟁이 끝나고 1년이 지난 46년 8월 15일 아사히신문 사설은 "지난 1년간 드러난 연합군 최고사령관 맥아더 원수의 위대한 업적에 대해 나라 안팎에서 한목소리로 찬사를 아끼지 않았다. 우리들은 마음으로부터 맥아더 원수에 대한 깊은 감사의 뜻을 표명한다."고 하였다.

5) シブタニ・タモツ『流言と社会』、広井・橋元・後藤訳、東京創元社、1985年.

　이런 급선회로 인해 사람들 마음속에 위화감이 발생했을 것이라는 것은 상상하기 어렵지 않다. 그렇게까지 증오스러운 극악한 적이 왜 일본과 국민 한 사람 한 사람을 위하여 이렇게 훌륭한 선정을 펼치는 것일까. 이런 소박한 질문이 도저히 해결되지 않을 때, 사람들은 스스로를 납득시키기 위해 어떤 소문에 귀를 기울였다. “아 그렇구나. 맥아더의 몸에 일본인의 피가 흐르고 있었구나. 그래서였구나.”라고…….

　두 개의 모순된 사안이 있을 경우 사람들은 불쾌감을 느끼게 되고 어떻게든 그 모순을 해결하고자 한다는 심리학 이론이 있다. 인지부조화라는 이 이론은 사람들의 일상생활에서의 행동을 이해함에 있어서 흥미로운 가설을 전개하고 있다. 전후 일본의 맥아더 관련 소문은 인지부조화 이론의 좋은 예라고 할 수 있다. 부조화를 만들어 낸 것은 연합군사령부와 맥아더라는 최고 권력에 대한 미디어의 접근이었던 것이다.

　이렇게 해서 미디어는 전후시기를 걷기 시작했다. 그리고 그것이 지금까지 미디어의 성격에 커다란 그림자를 드리우고 있다. 이 부분에 대해서는 아라이 나오유키(新井直之)의 『신문전후사(新聞戰後史)』에서 자세히 소개하고 있다. 그에 의하면 전후 시대, “일본 민중은 신문을 자기편으로 바꾸는 일에 실패”한 것이며 그 이유는 각 신문사 모두 “간부의 전쟁책임을 추궁”하였으나, 기자들의 행동에 대한 “검증과 책임이라는 자기 추궁은 거의 이루어지지 않았기” 때문이었다. 따라서 추방되었던 간부가 몇 년 후 다시 돌아오게 되었고 신문은 전쟁 이전의 체질을 거의 그대로 재현하면서 전후 사회에서 큰 힘을 가지게 되었다.[6]

4) 재군비를 둘러싼 미디어의 현실주의

실태로서의 일본의 전후 민주화는 어떤 형태로 진행되었을까. 다시 한 번 정리해 보자. 점령군 통치하에서 '민주화'는 중요한 슬로건이었다. 그러나 실제로 통치의 주요 부분들은 모두 연합군총사령부에 의해서 결정되고 있었다. 분명 의회가 존재했고 총리 아래에 내각도 조직되어 있었다. 그러나 그 위에 연합군총사령부가 군림하고 있었다는 것이 실태다. 그런 상황 속에서 미디어는 전쟁 이전의 브랜드를 그대로 유지하면서 사람들에게 정보를 계속 공급하였다. 미디어는 강력한 규제를 받고 있었다. 특히 점령군 혹은 점령정책에 대한 비판은 전혀 허락되지 않았다. 민주화라는 구호와 모순된다는 것은 두말할 필요가 없다.

민주주의 이론에 근거한 시민의 정치과정 참여나 시민 여론의 정치 반영은 거의 이루어지지 않았다. 모든 중요한 결정은 GHQ의 권력하에 있었으며 정치과정에 대한 시민참여의 여지는 극히 제한되어 있었다. 가정 내 민주화나 교육 민주화, 농촌 민주화와 같이 다양한 분야에서의 민주화에 대한 외침이 있었다. 그러나 적어도 이 시기의 '민주화'는 정치과정까지는 이르지 못했다. 민주주의의 근간은 절차이며 여기에 어떻게 참여가 보장되는가가 중요한 문제다. 전후 점령시대의 정치과정에서는 그런 의미에서의 민주화가 실태로서 진전되지 않았던 것이다.

일본의 재군비는 그 상징이라고 해도 좋다. 제2차 세계대전 후

---

6) 新井直之『新聞戦後史』栗田出版会、1972年、pp.17—187.

에 제정된 일본헌법 제9조는 전쟁방기를 명확히 적고 있다. 제9조를 제정할 때 어떤 경위가 있었는지에 대해서 현재는 거의 밝혀져 있지만, 당시 총리였던 시데하라 키쥬로(幣原喜重郎)가 관련 아이디어를 제출했을 때 연합군총사령관 맥아더는 상당히 강력하게 찬성과 감동의 뜻을 나타냈으며 그것을 신헌법의 독립 조문으로 넣도록 지시했다고 알려져 있다.[7]

같은 사령관이 5년 후에는 일본 정부에 지시를 내려 50일 이내에 총인원 7만 5천 명의 '경찰예비대'를 편성하도록 명령했다. 급거 편성된 인원은 집중 훈련을 실시하였으며 기관총, 바주카포를 포함한 각종 병기를 급속히 공급받아 진용을 갖추어 갔다. 이 조직은 1952년에 개조되어 '보안대'가 되었고 해상병력과 항공병력의 정비를 거쳐 1954년에 '자위대'가 되었다. 신헌법의 기둥인 동시에 전후 일본의 모습을 명시한 조문으로서 가장 중요한 제9조와 관련하여 시민의 토론참가나 여론과는 전혀 상이한 지점에서 이러한 결정이 진행되었고 민주적 과정은 전혀 개입되지 못했다.

현재 맥아더의 의도는 명확하게 밝혀져 있다. 일본 재군비의 직접적인 계기는 1950년에 한반도에서 발생한 전쟁이었다. 연합군총사령관 맥아더는 이 전쟁에 대처할 것을 요구받았다. 전쟁 초기 북한군이 우세했으며 연합군은 한반도 남단을 향해 후퇴를 거듭했다. 그때 연합군총사령관 맥아더는 일본에 주류하는 미군을 한반도에 투입해야 한다는 필요성을 느꼈다. 당시 소련은 기회만 생기면 다양한 지역에 군사진출을 시도할 가능성이 있다는 것이 세계정세에 대한 사고방식이었다. 냉전구조의 전선이 아직 확정되지 않은

---

7) 小林直樹『憲法第 9 条』岩波親書、1982年、p.29.

상태에서 미·소 쌍방이 어디에 선을 그을 것인가에 대해 다투고 있는 단계였다. 따라서 맥아더는 만일 일본 주둔 미군을 한반도에 투입하게 되면 일본열도는 군사적 공백 상태가 될 것이고, 그 기회를 틈타 소련군이 텅 빈 일본을 침공해 올 가능성에 대처해야 할 필요성을 인식한 것이다. 일본인 스스로가 일본을 지키게 해야 한다는 것이 맥아더의 뇌리에 떠오른 생각이었다. 그래서 그는 일본 헌법 제9조를 완전히 무시하고 1950년 8월 일본의 재군비를 지령했다.

그 지령에 대하여 당시 일본 정치지도자는 여러 가지 이유로 반론을 제시했고 국회에서도 다양한 견해가 표명되었지만 결국 고심을 거듭한 끝에 받아들여졌다. '경찰예비대(Police Reserve)'라는 조직에 대해 정치가들이 어느 정도의 인식을 갖고 있었는가에 대해서는 지금 검증하기는 어렵다. 헌법상, 그것은 군비화가 아니라 경찰조직의 확충이었다. 여기에 재군비화로 이어지는 실태를 사람들의 눈으로부터 감추는 계기가 숨겨져 있었던 것으로 보인다.

신문도 그 부분에 대해 깊이 관여하지 않았다. 경찰예비대 창설에 관해서 그 의미를 명확히 밝히는 기사는 보이지 않는다. 그 후 1951년 1월 19일자 아사히신문에는 〈예비대는 경기관총〉이라는 기사가 게재되었다. 사람들은 그 기사를 보고 처음으로 '왜 경찰에게 기관총이 필요한 것일까'라는 의문을 갖게 되었을 것이다. 그때까지 일반인들은 경찰예비대가 군비화로 이어질 것이라고는 생각하지 못했던 것이다. 하지만 미디어도 그와 같은 보도는 하지 않았다. 경찰예비대에 기관총을 소지하게 한다는 기사에 대해서도 기자는 그것이 재군비로 이어질 것이라는 해설은 하지 않았다. 단지 사실보도로서 기관총 배분을 전달할 뿐이었으며 '왜 경찰에게 기관총이 필요한가?'라는 부분에는 손을 대지 않았다.

1950년 7월 17일에 GHQ가 밝힌 경찰예비대 창설에 관한 강령에서는 "경찰예비대의 성격은 사변, 폭동 등에 대처하는 치안 경찰대다."라고 적시하고 있다. 그러나 7만 5천 명 모집에 대해서 구(旧)군인을 중심으로 38만 명이 넘는 지원이 있었다는 것을 보면, 당시에도 당사자들 사이에서는 군비 재개라는 인식이 퍼져 있었을지도 모른다. 그렇다면 미디어가 이 문제에 관한 논평을 하지 않았다는 것은 이해하기 어렵다.

그리고 그 후 경찰예비대에는 바주카포, 중기관총 등이 공급되었고 훈련장이 확보되었으며 군사조직의 요건을 빠른 속도로 정비해 갔다. 아사히신문에서는 1951년 10월 11일 〈예비대에 바주카포〉, 12월 20일 〈예비대에 훈련장 필요〉라는 기사가 이어졌다. 인접 국가에서 전란이 발생한 상황 하에서는 그런 조직의 설립이 어쩔 수 없다고 생각했던 것일까. 이 부분도 검증하기 어려운 문제다. 그리고 52년 일본이 독립한 직후, 경찰예비대는 '보안대'로 개편되었고 불과 2년 후인 54년에는 '자위대'로서의 조직이 확립되었다. 그동안에 민주적인 논의가 활발하게 이루어졌다고는 말하기 어렵다. 이후 이미 성립하였고 존재하고 있는 것에 대해서 '헌법위반 아닌가?'라는 논의가 반복적으로 이어져 왔다.

일본은 평화헌법의 기치 아래 국가 건설을 실행하고자 하였다. 하지만 그러한 이념에 대한 논의 절차가 완전히 결여된 채 재군비가 진행되었다. 지금 시각에서 보면 그 발단은 점령시대라는 것이었고 점령 하에서는 그런 일도 가능했을 것이라고 이해 못 하는 것도 아니다. 그러나 독립한 후 보안대, 그리고 자위대로의 조직 정비 확충은 독립 이후의 일본에서도 민주주의적 논의 과정이 미성숙했었음을 보여 주는 사례다. 정치는 물론이고 미디어는 이 문제를 어떻게 다루었을까. 현상 추인이라는 현실주의에 빠져 있었다는 견해가 강하다.

2. 55년 체제하의 병렬 논조

1) 반영구적 보수정권하에서의 현실주의

한국전쟁 후 독립한 일본의 정치체제가 정비된 것은 1955년이다. 그때 확립된 체제가 오랫동안 전후 일본을 지배하게 되었다. '55년 체제'라고 불리는 것이 그것이다. 이 체제는 당시의 자유당과 민주당이 합병하여 보수연합에 의해 자유민주당이라는 강력한 정당이 발족한 것이 핵심이다. 보수합동의 목적은 무엇이었는지 지금은 명확하다. 그것은 정권교체를 허락하지 않는 친미정권의 수립이었다. 그러한 체제 확립의 배후에 미국의 강력한 영향력이 작용했다는 것은 상상하기 어렵지 않다.

1945년부터 51년 독립에 이르기까지 보수정당은 연합군총사령부와 강한 연계 속에서 정권의 자리에 있었다. 실제는 간접통치를 통해 권력의 중요한 부분을 모두 연합군총사령부가 장악하고 있었기 때문에 일본 보수정당은 연합군과의 밀접한 관계를 유지함으로

써만이 그 자리를 유지하고 권력을 유지할 수 있었던 것이다. 일본의 독립이 제도적으로 결정되었을 때 정권의 자리에 있었던 것은 미국과의 극히 친밀한 관계 확립을 통해 권력을 수중에 넣은 보수정당이었다.

미국 입장에서 독립 후의 일본이 그런 체제로 존속하기를 원했다는 것은 당연하다. 미국 국무성 문서를 보면 일본 상황을 분석하여 일본 정권으로 어떤 체제가 바람직할까? 또 지도자로 누가 바람직할 것인가 등에 대해서 상세하게 분석했음을 알 수 있다.[8] 미국과 가까운 유력 보수정당이 연합하여 정권을 만들면 상당히 안정적인 동시에 미국과 가까워질 것이라는 것은 명백한 일이다. 그러한 정권 수립은 당시 미국의 아시아 정책 일환이었다.

친미정권 수립은 냉전구조시대 미국에 있어 아시아 전략의 주목표였다. 냉전시대에는 미국과 소련 사이에 선이 그어져 있어 어떤 국가가 어느 진영에 속해 있는가가 명확했다. 그래서 그 대립 전선에 위치은 냉각국에서는 강력하고 정권교체가 없는 친미정권이 수립되었다. 당연한 일인 것이다. 그들 국가에서 정권교체가 이루어지고 친소 정권이 탄생한다거있어하면 선 긋기는 파탄 날 것이며 미·소의 충돌에까지 이어질 수 있다. 세계 균형을 유지하기 위해서어 냉전구조의 전선에 있는 나라들에서는 이데올로기 전환을 불러올 수 있는 정권교체가 있어서는 안 되는 것이었다. 그것은 소련 있어 마찬가지였다. 동구냉각국에서 자유화를 추구하거있어개혁을 의도하거있어했던 정권은 무력으로 진압당했다.

미국은 아시아권의 각 나라에 간접적으로 개입하면서 친미정권

---

8) 春名幹男『秘密のファイル／CIAの対日工作』(上下)、共同通信社、2000年.

을 수립시켰다. 이들 국가에서의 친미정권은 대개 두 가지 형태다. 하나는 군사정권이다. 군사정권은 당시의 아시아권 국가들이 군사 기술적으로 미국에 많이 의존하고 있었으며 군부 자체가 미국의 무력과 거의 일체화된 구조를 지니고 있었다는 점에서 가장 안정적인 친미정권의 체질을 가지고 있었다.

또 하나는 극히 친미적인 독재자에 의한 정권이다. 냉전의 최전선에 있는 국가들의 정권은 이 두 가지 중 하나의 형태로 오랫동안 권력을 유지하였다. 한국, 필리핀, 인도네시아, 남베트남, 태국 등 많은 국가들이 이러한 형태의 어느 한 쪽에 부합한다. 친미정권으로 출발한 비군사 정권도 미국과의 관계 정비에 실패하면 군부에 의한 쿠데타로 그 자리에서 쫓겨났다. 중도로 출발한 정권도 공산당이 허용되는 경향이 보이면 권력의 좌에 머무는 것이 허락되지 않았다.

아시아권에서 미국의 개입이 확실했다고 알려지고 있는 것에 비해 확증은 적다. 단지 그런 형태로 개입하는 것이 미국의 수법이었다는 것은 틀림없다. 1970년에 칠레에서 아젠데 정권이 탄생했다. 일반투표로 정권을 잡고 민주적 사회주의를 주창한 정권에 대하여 CIA와 키신저가 획책하여 피노체트에 의한 군사쿠데타를 일으키도록 하였으며 아젠데를 자살로 몰았던 일은 널리 알려져 있다. 이 군사정권은 89년까지 존속하여 남미지역에서 군사정권 탄생의 계기가 되었다.

냉전하의 아시아에서 일본은 좀 다른 형태의 강력한 친미정권이 성립되었다. 전후 일본의 간접 통치라는 방식이 영향을 미쳤기 때문이다. 전후 일본의 통치형태에서는 의회, 내각이라는 조직이 존속하고 있었다. 그러나 실태로서는 그 위에 연합군총사령부가 있어 모든 권력을 장악하고 있었다. 독립 후에도 그 시스템이 그대로 남아 있었다. 독립과 함께 그 시스템을 완전히 바꾸면 혼란을 불러올 가능성이 있었고, 무엇보다 민주주의를 표방하고 통치해 온 것을 대폭 바꾼다면 스스로 모순을 노출하는 것이 되기 때문이었다. 그래서 커다란 변화 없이 친미정권의 강한 영향력하에 시스템의 실태를 두는 방법이 채용되었다. 이리하여 남베트남에 고 딘 디엠(吳廷琰) 정권이 탄생한 것과 같은 55년에 자유민주당정권이 발족하였다.

이러한 보수연합에 미국 국무성이 어떻게 관련되어 있는가에 대한 확증은 없다. 다만 쇼리키 마츠타로(正力松太郎)가 중재역할을 했다고 알려져 있다. 그리고 그가 자유·민주 양당을 연합하도록 만들었으며, 연합을 달성한다면 ……이라는 조건으로 거액의 자금 공급을 약속받았다고 한다.9) 쇼리키 마츠타로의 동향을 보면 그의 활동 배경에 미국 국무성이 있었음을 알 수 있다. 이렇게 친미정권하의 일본에서는 여러 가지 제도와 시스템이 명확한 형태를 갖추어 갔다. 그리고 정권을 잡은 정당의 거대 권력이 안정되잡은 문제가 발생하면 먼저 상황을 받아들이고 보는 현실주의가 깊이 침투했다.

미디어도 예외가 아니었다. 정권교체가 이루어지지 않는 반영구적 친미정권의 지배하에서 미디어도 연합군 통치시대에 연합군과의 사이에서 확립된 관계를 그대로 유지하여 정권에 대한 현실주의적 태세라는 활동 입장을 점차 확립해 갔다.

---

9) 佐野真一『巨怪伝』(下)、文春文庫、2000年、pp.251—252.

2) '공동선언'에서 노출된 병렬 체질

일본 체제가 미국의 강력한 영향력하에 있다는 것을 통절하게 깨닫게 해 준 것은 1960년의 미일안전보장조약 개정을 둘러싼 움직임이었다. 그 조약에 대해서 사람들은 극히 소박한 의문을 가졌다. 미국과 협정을 체결함으로써 일본이 다시 전쟁에 휩쓸리는 것은 아닐까라는 우려였다. 그러한 우려는 극히 정당하다고 봐도 좋다. 아직 사람들의 뇌리에 전쟁 참상의 기억이 짙게 남아 있던 시기였기 때문이다. 전쟁을 다시 반복해서는 안 된다는 결의도 아직 견지하고 있었다.

안보조약은 군사동맹의 색채가 상당히 강하기 때문에 당연히 여러 가지 의문이 제기되었다. 조약 개정을 둘러싸고 전국적으로 반대운동이 일어났으며 국회 주위에 연일 대규모 시위대가 몰려왔었다는 것은 잘 알려져 있다. 하지만 광범위한 반대운동이 있었음에도 불구하고 법안은 성립되었다. 그때 사람들은 일본 보수정권의 강력함과 그 뒤에 있는 미국의 영향력을 실태로써 인지하게 된 것이다.

당시 조약 개정을 추진한 기시(岸) 총리는 미국 국무성이 장래 일본 지도자로 가장 바람직한 자질을 갖추고 있다고 평가한 인물이었다. 이처럼 일본 지도자는 그 지위에 오르기 위해 어떤 형태로든 미국으로부터 승인이나 지원을 받아야만 했다. 전범이었던 기시가 부활하여 총리 자리에 올랐다는 것은 그가 미국 입장에서 바람직한 지도자였기 때문이라고 볼 수 있다. 그러나 기시는 안보조약 개정 당시 미국과의 관계를 중시한 나머지 국회에서 강행 체결을 감행하였다. 이는 거대한 반대운동을 불러왔으며 결과적으로 미국이 기대했던 것보다 빨리 정권 수명을 마치고 말았다.[10]

총리가 그런 존재였던 가운데 사람들은 보수정권의 강력함과 그 그늘에 있는 미국의 힘을 깨닫게 되었고, 이와 함께 미디어 역시 보수정권과 극히 가까운 관계를 유지하면서 미국에 대하여 현실주의적 입장을 취하고 있다는 것을 알게 되었다. 그것은 일반인들에게 있어서는 깜짝 놀랄 만한 사태였다. 전후 민주주의를 믿고 그 속에서 스스로가 새로운 일본을 건설한다고 믿어 왔던 사람들에게 있어서 정권과 미디어의 모습은 민주주의에 대해 의문을 품게 만드는 계기가 되었다.

의회에서 개정안을 강행 체결하고 시위가 격화되는 가운데, 60년 6월 15일, 국회의 동남쪽 출입문 근방에서 시위대 중에 있던 여중생이 기동대와의 충돌로 목숨을 잃었다. 아사히신문, 마이니치신문, 요미우리신문의 논설책임자가 아사히신문사에 모여서 협의를 거쳐 '공동선언'안을 기초했다. 그 선언은 산케이신문, 닛케이신문, 도쿄신문, 도쿄타임즈가 참가하여 '7사공동선언'이 되어 17일 조간에 일제히 게재되었다. 지방신문도 뒤를 이어 게재함으로써 합계 48사가 이 선언을 게재하였다.

'폭력을 멈추고 의회민주주의로 돌아가라.'는 메시지는 원인과 상관없이 사태를 수습해야 한다고 호소하였다. 그러한 메시지는 이후 강력하게 비판받은 논리이기도 하다. 전후 연합군총사령부에 의해 온존되어 전쟁 이전부터의 활동을 계속해 온 미디어가 정부에 대해 연일 계속되는 대규모 시위에서 사망자가 나왔다는 위기사태

---

10) 春名、前揭書、下卷、第7章6節、7節.

에 직면하여 그 근저에 남아 있던 체질을 노출했다고 보일지도 모르겠다. "평상시에는 상대적 독자성을 어느 정도 유지하며 가끔 충분히 '진보적'일 수 있는 자유의 폭이 제로에 근접했다."고 여겨지는 이 선언에 관한 분석은 다음 시대의 미디어 동향을 제대로 예언하고 있다.[11] 즉 '평상시'에는 '진보적'으로 보이는 것이다.

1999년에 '히노마루(日の丸: 일장기), 기미가요(君が代: 국가)를 국기·국가로 하는 법', '통신방수법(通信傍受法)', '새로운 미일방위협력을 위한 지침관련법' 제정, 자위대법 개정, 주민기본대장법 개정 등 일련의 법안이 '처리'된 것을 통렬하게 비판한 아까오(赤尾光史)는 미디어의 상대적인 지위 저하를 지적했다. 아까오는 7사공동선언에 의해서 미디어가 '체제 내의 지위와 역할'을 획득했다는 후쿠다 간이치(福田歡一)의 지적을 언급하면서 미디어 활동의 본질은 지금까지 후쿠다가 지적한 틀 안에 있다고 논하였다. 오늘날의 미디어 체질을 역사적 시각에서 훌륭하게 조사(照射)한 논리다.[12]

'체제 내'라는 본질을 노출한 것과 동시에 이 선언에는 또 한 가지 놓쳐서는 안 될 포인트가 있다. 그것은 "유력미디어 각 사 간부가 모여 협의하여 '공동선언'을 발표했다."는 것이다. 즉 미디어 각 사가 이념적으로 상당히 유사한 부분을 가지고 있으며, 결정적인 순간에 협력하여 동일해지는 공통체질을 지니고 있다는 것이다. 이러한 동향은 전쟁 전의 신문에서 명확히 알 수 있다. 예를

---

11) 小和田次郎『デスク日記』(5). みすず書房、1969年、p.234.

12) 赤尾光使「分断されるメディアとジャーナリズムの構造」、飯室·赤尾編『包囲されたメディア』現代書館、2002年.　福田歡一「民主主義の日本的状況と言論の力」『世界』1962年10月号.

들어 1939년 7월 15일, 도쿄 10개 신문, 오사카 19개 신문 등의 주요 신문이 영국에 의한 장개석 보호행위를 비난하는 '공동선언'을 제1면에 일제히 게재한 것이다. 중일전쟁이 확대되고 장기화 양상을 보이는 것에 대하여 영국의 장개석 보호에 대한 반감이 강해지고 있었다. 그런 감정을 포착하여 신문사가 공동으로 영국비난운동의 일익을 담당한 것이었다. 신문사가 공동성명을 발표한다는 행위는 전쟁 이후에도 있었다. 여기에서는 개개의 독립적인 신문이라는 의식이 보이지 않는다. 무언가 있으면 각 신문이 협력하여 세상을 일정한 방향으로 결정짓고자 하는 의식이 보인다. 1952년 5월 4일과 55년 1월 24일 아사히, 마이니치, 요미우리 각 신문은 '공명선거추진'이라는 공동성명을 발표했다. 또한 54년 6월 11일에는 경찰조직법개정안에 관하여 3사공동성명이 발표되었다. 이 공동성명은 국회 내에 있는 좌우양파사회당의 행동비판이며, 그 시기 유력 신문의 입장 및 각 신문이 상호 어떤 관계에 놓여 있었는가를 여실히 나타내고 있다. 그리고 그러한 상황 속에서는 분명 각 가정은 한 가지 신문 구독만으로 충분했다고 볼 수 있다.

3) 민주적 시스템의 내실

미·일 안보에 관한 논쟁 이후, 일본 지식인들 사이에 정권 비판적 논의가 확대되어 갔다. 그러한 논의는 정권 비판인 동시에 미국에 대한 비판이기도 했다. 그것 또한 필요했다. 보수정권이 미국의 강력한 영향하에서 권력을 유지하고 있다고 한다면, 정권에 대한 비판은 그대로 미국에 대한 비판과 연결된다. 지식인들의 이러한 경향은 지극히 자연스러운 흐름이었다.

그러나 냉전구조 속에서 지식인들의 미국 비판이 사회주의나 공산주의에 대한 찬동으로 이어지지는 않았다. 커다란 원인의 하나는 동구권에 대한 정보 부족이었다. 일부 미국 비판이 그대로 친소련적 사상으로 이어진 경우도 있었지만, 대부분의 지식인들은 보수정권과 미국을 비판하면서도 일본 독자적인 정체성 확립을 위한 방향으로 논의를 진전시키지 못했다. 아직 전후 의식이 강하게 남아 있었고 일본의 독자적인 정체성이라는 것은 전쟁 전의 애국주의로 회귀하는 것으로 받아들여지는 상황이기도 했다. 당시 일본이 처한 상황에서는 미국에 대한 비판을 전개하려고 해도 미국과 일선을 긋고 독립한 일본에 대한 논의가 성숙하지 못했던 것이다.

독립론이 성숙하지 못한 최대의 원인은 군사적인 문제라고 할 수 있을 것이다. 즉 소련의 위협이 현존하는 가운데 경무장의 일본은 미국의 '핵우산'하에 편입되어 있고 군사적으로 독립적인 존재가 될 수 없다는 인식이 있었으며, 미국으로부터 일본이 완전히 자립한다면 소련으로부터 직접적인 군사 위협을 받게 될 것이라는 인식이 뿌리 깊었다. 지식인들이 미국을 비판하고 미국의 강력한 영향하에 있는 일본 보수정권과 미디어에 대한 비판을 강화해 가면서도 일본 독자적인 정체성을 확립하여 자립한다는 논의를 구축하기에는 부족했던 것이다.

헌법 제9조라는 독특한 조문이 국가로서의 자립적인 입장을 구축할 때 갈등을 발생하게 하였다. 그 갈등은 종전 이후 평화헌법을 가지고 있다는 것과 일본이 냉전구조의 최전선에 위치해 있다는 지정학적 조건이 얽혀서 생성된 것이다.

이런 상황 속에서 국가 전체의 커다란 흐름이 강력한 친미보수정권에 의해 확정되었다. 새로운 총리는 취임하면 먼저 미국을 방문하고 미국대통령과 친밀한 관계를 확인하는 방법이 반복되었으며, 미디어도 이것을 일종의 정치 쇼로서 크게 다루었다. 그리고 미국과의 관계를 보다 강고하고 확실하게 하는 것이 최고라는 생각이 일반적이며 현실적인 생각이 되었다. 일본 문제를 진지하게 고민한다면 친미 ……라는 식의 '친미내셔널리즘'이 형성된 것이다.

본래 내셔널리즘이란 스스로 국가의 자립성을 확인하고 독립을 주의·이데올로기로 하여 국가 전체의 통합을 도모하는 사상이다. 그러나 일본의 경우 친미에 의하여 국가 전체를 통합한다는 기묘한 이데올로기가 지배적이 되었다. 그러한 풍조는 많든 적든 냉전구조의 최전선에 있는 국가들의 공통점이라고 보인다. 친미정권에 의해서 통치가 이루어지고 군사적으로 미국에 대한 의존도가 높은 아시아 각국은 정권을 승인하고 시인하고 국가의 장래를 진지하게 생각하는 자는 친미가 될 수밖에 없었다. 그것이 당시 아시아 각국이 처해 있던 상황이었다.

일본 미디어는 그러한 상황을 명확하게 분석하고 제시하고 해설해왔을까. 그 점에 대해서는 또 다른 검토가 필요하다. 미디어는 오히려 그런 상황의 유력한 일부가 되었다고도 말할 수 있다. 그리고 한편에서는 아시아권의 독재정권과 군사정권하의 여타 국가에 비하여 일본은 한 단계 진보한 국가이며, 민주주의국가라는 견해를 국민들 사이에 보급하는 데에 커다란 역할을 수행해 온 것은 아닐까.

분명, 아시아 각국에 비하면 다양한 분야에서의 억압이 훨씬 적었다고 말할 수 있다. 시스템 전체를 보면 일본의 각 시스템은 민주주의적 체제를 잘 정비하고 있다. 그러나 그 운용 실태를 상세히 검토하면 민주주의의 건전한 기능이라고 보기에는 의문이 남는다. 미디어도 마찬가지다. 시스템으로서는 미디어에 대한 규제가 억제되어 있으며 독재정권이나 군사정권하에 있는 아시아 각국의 미디어 규제에 비하여 훨씬 진보적이고 민주적인 미디어 시스템이었다. 그러나 그 속에서 각 미디어가 민주주의 이념을 진정으로 추구하는 목표로 삼고 이를 위해 실천해 왔는가에 대해서는 검토의 여지가 남는 것이다.

3. 체제 내 체질과 체제 비판적 활동태도

1) 고도성장과 사회의식의 후퇴

미디어가 미국을 추종할 수밖에 없다는 현실주의에 관여하고 있었다는 것은 당시 일본이 처한 상황과도 깊은 관계가 있을 것이다. 1960년 미일안전보장조약 개정 당시, 대규모 반대운동이 일어나고 연일 시위가 계속되고 있었으며 국론을 이분화하는 논쟁이 일어났다는 것은 앞에서 소개했다. 그리고 시위 중에 사망자가 발생한 사태에서 미디어가 지닌 뿌리 깊은 체질이 드러났다는 것도 언급했다. 그러나 그러한 체질은 1960년대 이후 좀처럼 보이지 않았다.

그러한 의미에서 일본의 미디어와 민주주의 발전의 관계에서 봤을 때 1960년대의 급속한 경제성장이 마이너스로 작용한 것은 아닐까. 1960년대는 안보조약 관련 논쟁을 거치면서 일본 정권과 일본 미디어가 지닌 문제점이 가장 명백해져야 마땅할 시대였다. 그러나 사람들은 급속하게 증대하는 수입을 향유하고 경제성장의 눈부신 성과를 목격하면서 국가 체질에 뿌리를 둔 중요한 사안에 대한 관심을 점차 잃어 갔다. 생활수준은 만사가 극히 순조로웠고 풍요로워졌으며 만족도도 높아지는 가운데, 공적 문제는 스스로가 관여하지 않아도 진행되어 갈 것이라는 사고가 확장되면서 문제의식을 쇠퇴시켰다고 볼 수 있다.

70년 미일안전보장조약을 개정할 때 광범위한 논의가 이루어지지 않았다는 것은 일본의 전후 민주주의 달성도를 보여 준다. 그리고 그것은 미디어가 진정한 의미에서 자립하여 민주주의적 미디어로 탈피하지 못했다는 것을 나타내는 것은 아닐까. 그러나 현상적으로는 그 시기의 일본 미디어는 권력, 체제에 대한 비판을 어느 정도 전개하고 있는 것처럼 보였다. 모든 국면에서는 아니지만 캠페인이나 논설에서는 주목할 만한 활동도 펼쳤다.

그러한 상황의 배경에는 몇 가지 조건이 있었던 것으로 보인다. 하나는 일본 지식인 사이에 유포되고 있었던 체제에 대한 비판이었다. 일본 체제가 미국의 군사전략과 극히 밀접하게 관련되어 있다는 인식이 점차 확대되고 있었다. 그리고 60년의 미일안전보장조약이 개정될 때의 논의 혹은 정권 장기화와 함께 몇 번이나 표면화된 부패 비리가 있었음에도 불구하고 보수정권이 미동도 하지 않았던 것에서 정권에 대한 비판이 강해지기 시작했다. 지식인은 본능적으로 미국의 그림자를 느끼고 있었다. 그래서 체제 비판은 필연적으로 대미 비판으로 이어졌다. 그러나 전술한 것처럼 대미비판은 친소에는 직접 연결되지 않았다. 일본의 독자적인 정체성 확립이 곤란한 상황이었다는 것도 이미 언급한 대로다. 여기에 미디어와 지식인에 의한 체제 비판이 지니는 또 하나의 약점이 있었다. 그러한 약점을 내포하고 있었음에도 불구하고 당시 미디어는 체제 비판적이라는 인상을 풍기고 있었다.

2) 꼬리를 무는 방송 개입사건

일본 미디어에 의한 체제 비판의 계기는 미국 미디어에 의한 베트남전 비판이었다. 미국 미디어에 의한 베트남전 비판은 일본 미디어로 하여금 극히 추종하기 쉬운 목표를 부여했다. 미국을 비판하는 동시에 미국과 동일한 보조를 취하는 일본 정권도 비판할 수 있는 상황이 발생한 것이다.

그 시기의 신문이나 방송을 돌이켜 보면 저널리즘 전체가 굉장히 활발한 활동을 하고 있었음을 알 수 있다. 그리고 당연한 일이지만 활발한 체제 비판에 대한 반대 움직임도 표면화하기 시작했다. 1960년대 눈에 띄는 특색의 하나는 방송 개입 사건이 연속적으로 발생했다는 것이다. RKB마이니치가 제작한 예술제 참가드라마 「외아들(獨りっ子)」은 방위대학 진학을 강요하는 아버지와 특공대에서 죽은 장남과 같은 길을 가도록 하고 싶지 않은 어머니 사이에서 고민하는 차남을 주인공으로, 방위대학 진학을 그만두기까지의 갈등을 그리고 있다. 스폰서가 방영 전에 제공을 중지하여

드라마가 세상에 공개되는 일은 없었다. 도시바와 방위산업의 관계가 그 배경이었다고 알려져 있다.

민방의 양심적 프로그램으로 이름이 높았던 「판결」은 중외제약의 제공으로 사회문제를 다수 다루었다. 4년간 약 200회의 방송 중, 10%를 넘는 손해배상 청구가 있었다고 전해지고 있다. 생활보호문제를 다룬 「생존(生きる)」, 도쿄의 항공관제가 여전히 주둔군의 수중에 있다는 것을 비판한 「하늘의 벽(空の壁)」, 부락차별을 다룬 「말없는 울타리(いあれなき垣根)」 등이 그 예다. 이 중에서도 교과서문제를 다룬 「사끼코의 정원(佐紀子の庭)」은 다방면에서의 논의를 불러일으켰다.

TBS의 뉴스캐스터를 지낸 덴 히데오(田英夫)는 북베트남을 취재하여 「하노이－덴 히데오의 증언(ハノイ－田英夫の証言)」을 방송하였다. 이 방송에 대하여 다나카 카쿠에(田中角榮), 하시모토 도미사부로(橋本登美三郎) 등이 TBS의 콘도(今道) 사장 이하 간부에게 강한 비난을 가했다. 이 사건은 다음해 TBS TV 보도부 해체로 이어졌다.

NTV의 다큐멘터리 제작자로 유명한 우시야마 토이츠(牛山統一)는 65년에 「남베트남 해병대 전쟁일기(南ベトナム海兵隊戰記)」를 방송했다. 베트남전 비판이 미국에서 번지고 있었으며 일본 국내에서도 비판의 목소리가 높아지는 상황이었다. 우시야마는 미군을 직접 취재하지 않고 남베트남의 해병대를 동행 취재하는 방법으로 프로그램을 제작했다. 당시 집권당은 프로그램 중에 잔혹한 장면이 있다는 이유로 비판하였고, 그 결과 프로그램은 제1부만 방송되고 제2부는 방송중지에 이르렀다.

이러한 개입 사례는 일일이 거론할 겨를도 없다. 그리고 그러한 개입은 그 시기의 커다란 특색이기도 했다. 여기에도 몇 가지 배경이 있다. 1960년대라는 시대, 미디어계는 전체적으로 체제 비판 논조가 퍼지고 있었다. 그중에서 신문은 앞에서 언급한 것처럼 본질적으로는 체제 내적인 경향을 가지면서 실천에 있어서는 체제 비판적인 논조를 강화해 가고 있었다. 그것은 그런 입장이 당시 사회 상황에서 보다 광범위한 지지를 받을 수 있다는 판단에 근거한 것이었을 것이다.

이에 비하여 방송계는 당시 좀 다른 체질을 지니고 있었다. 당시 방송 제일선을 담당하고 있었던 것은 전쟁이 끝나고 나서 그 분야에 들어온 사람들이며 전후 교육을 통해 민주주의라는 이념을 배우면서 자라 온 세대였다. 민주주의의 실태에 관해서는 의문의 여지가 있지만 적어도 교육 단계에서는 자유로운 의견표명의 가치를 배워 온 세대였다. 그들이 새로운 미디어를 구사하여 다양한 문제의식을 제시하고자 했던 것이 이 시기였던 것이다. 그리고 그 결과 정권과의 사이에서 빈번한 알력을 만들어 낸 것은 아닐까. 방송에 대한 개입사건을 연표로 만들어 보면, 1960년대가 압도적으로 많았음을 알 수 있다. 그리고 그 후 방송은 점차 변화하였고 개입을 회피하기 위한 방법으로 '자율규제(自主規制)' 경향을 강화해 갔다.

3) 산케이신문의 전진

이 시기 특히 주목해야 할 것은 산케이신문의 보수화 및 친미화다. 이것은 당시의 미디어 상황 속에서 눈에 띄는 경향이었다. 그러나 지금 돌이켜 보면 그것은 이후의 미디어계를 포괄하는 커다란 흐름을 한발 앞서 간 것뿐이었다고도 볼 수 있다.

관서지역의 경제전문지였던 『산케이경제(産経経済)』는 1950년 3월에 도쿄에 진출하였다. 4월부터 4페이지로 발행하면서 판매점을 정비하고 주류신문의 일각을 점하는 위세를 보였다. 그러나 그 후 경영이 악화되어 58년에는 창설자인 마에다 히사키치(前田久吉)가 퇴진, 대신하여 전 국책펄프 사장인 미즈노 시게오(水野成夫)가 사장으로 취임했다. 그때 미즈노의 방책은 제일 먼저 경영 재건이었으며 다음이 노조를 철저히 무력화하는 것이었다. 미즈노는 문화방송 경영위기 때에도 사장으로 취임하여 재건한 실적이 있었다. 문화방송이 닛폰방송과 제휴하여 후지TV가 탄생하자 그 사장도 역임하였다. 미디어계를 횡단하는 영향력을 지닌 인물이었다.

1958년 11월에 '경찰관직무집행법'이 각계각층에서의 반대에 밀려 심의만료, 폐안되었다. 그 전후부터 집권당 내에 위기의식이 강해졌고 노동운동에 대한 경영진의 압력도 강해지고 있었다. 미즈노의 압력에 의해 산케이 노조는 1960년에 신문노조연합을 탈퇴하였다. 강력한 보수 영구정권이 존속하고 친미정책이 견지되고 있는 당시의 일본 상황에서 미래를 바라보면, 미디어가 현실을 받아들이고 이에 부합하는 논조를 전개함으로써 고객을 획득하며, 나아가 권력구조와의 강력한 관계를 구축하고자 하는 것은 당연한 선택지였다고 할 수 있다.

1960년대, 많은 미디어가 전쟁 전과 후를 관통하는 체제 내 체질이라는 성격을 근저에 지니면서도 표면적으로는 체제 비판적 색채를 강화하고 있던 것에서 탈피하여, 본래 성격으로 돌아와 기치를 선명하게 했다는 의미에서 주목해야 할 동향이었다. 그리고 그러한 노선에 의하여 산케이신문은 자민당의 강력한 지지를 얻을 수 있었다. 73년에는 '정론(正論)'난이 등장하였고 그 논조는 점점 더 명쾌해져 갔다.

4) 권력 편향적 자세를 강화하는 미디어

70년대에 들어서면서부터 고도경제성장정책의 일그러진 모순이 표면화하면서 다양한 비판이 등장하였다. 공해 문제가 드러나면서 공해반대운동이 고조되었다는 것이 일례인데, 급속한 성장에 의해 감추어져 있던 문제점이 새롭게 인식되어 논쟁의 대상이 되었다. 달러쇼크와 석유쇼크 등도 이러한 재평가의 계기가 되었다. 미디어로서는 정권의 존재방식이 불러온 문제점을 재평가하고 스스로의 입장을 다시 세울 수 있는 기회이기도 하였다. 그러나 정권교체가 없는 보수 장기 정권이라는 틀 속에서 미디어 스스로도 거대화하여 기득권익이 강화된 것이 이 시기이며, 표면적으로 저널리즘으로서의 활동을 하면서도 체제와의 거리는 더욱 밀접해져 가고 있었다.

공해에 대한 대처, 몇 개 지역에서 두드러진 개혁신당 지지, 대도시권에서의 개혁수장 탄생 등이 정력적으로 보도되었다. 그리고 강대화하는 미국 군사력과의 협력에 관한 쟁점, 미군기지문제 등이 반복적으로 다루어졌다. 일상생활에서도 미디어는 소비생활과 관련된 다양한 문제점을 지적하였다. 예를 들어, 공해문제나 환경문제에 관해서는 요미우리신문이 다른 신문을 선도하고 있었다. 70년대에 큰 문제가 되었던 식품첨가물 AF2의 독성에 관한 특종, 그후의 반대운동 보도 등은 빛나는 성과였다고 해도 좋다. 그러나 각 국면에서 개별적 성과는 올리면서도 일본이라는 국가가 처한 전체적인 상황에 관한 기본자세는 크게 변하지 않았다. 미디어는 거대화의 길을 걸었다. 이렇게 체제와 근접해 가는 것은 어떤 의미에서는 불가피했을 것이다.

60년대에 각광받은 J. 하버마스의 논고는 바로 그러한 현상을 설명했다고 해서 많은 하버마스 추종자(하버마시언)를 탄생시켰다. 권력시스템이 거대화함에 따라서 생활세계가 침략받는다고 한 하버마스는 권력과 사인(私人) 사이의 공론장에서 사람들의 상호작용을 매개하는 '중간집단'이 본래의 기능을 잃어버리고 권력을 지향하게 되는 사태를 지적했다.[13] 노동조합, 야당, 각종 단체 등은 권력과 사인 사이에서 사람들을 연결하는 역할을 한다. 사람들은 그러한 집단을 통해서 권력과 대치하면서 여론을 주체적으로 형성한다는 것이 공론장의 이념이다.

실제로 많은 국가가 하버마스가 지적한 것과 같은 방향으로 움직였다. 그리고 그러한 동향 속에서 사람들의 의견 형성을 매개하는 매스미디어도 권력지향이라는 경향을 강화하였다. 권력 시스템의 거대화와 강화는 매스미디어도 삼켜 버리고 말았다.

일본의 상황은 하버마스 지적이 지니는 유효성을 예증하는 것이었다. 야당이 힘을 잃고, '총여당화'라는 현상이 지적된 것은 80년대였다. 주목을 모은 대도시권의 선거에서 표면적으로는 아직 여당

---

13) ハーバーマス、J.『公共性の構造転換』細谷訳、未来社、1973年.

과 야당의 대립이 연출되고 있었지만, 지방선거에서는 '여야당 합승'이나, '모두 여당후보' 현상이 당연한 상황처럼 받아들여졌다. 노동조합의 우경화 재편성, 그리고 그 후의 지반침하도 하버마스가 지적한 상황에 들어맞는다. 중간집단이 그런 상황에 처하면서 매스미디어도 휩쓸릴 수밖에 없었던 것이다.

게다가 일본 매스미디어는 또 하나의 커다란 짐을 지고 있었다. 정권교체가 없다는 것에서 오는 짐이다. 정권교체가 없다면 미디어는 권력에 접근한다. 2대 정당 간에 정기적으로 정권교체가 일어나는 나라를 예로 생각해 볼 수 있다. 미국도 영국도 여기에 해당된다. 이들 국가에서 미디어는 당시의 정권에 지나치게 근접하면 위험해진다. 왜냐하면 그 당시의 야당이 다음에 정권을 획득했을 때 호된 보복을 받게 될 가능성이 있기 때문이다.

따라서 정기적으로 정권이 교체되는 나라에서 미디어는 정부에 대하여 자주독립을 견지할 충분한 동기를 지니게 된다. 그러나 정권교체가 없는 나라에서 미디어는 정부로부터 자주독립을 유지하기 위한 강력한 동기를 갖지 못한다. 반대로 정권에 근접함으로써 자신의 입장을 강화하는 편이 현명한 책략이라는 사고가 생길 것이다. 권력체제와의 관계에 있어서 일본의 미디어는 이중의 짐을 지고 있다고 해도 좋다.

4. 논조 차별화의 진전

1) 산케이신문에 이은 요미우리신문

1970년대를 거쳐 80년대에 이르는 지점에서 일본의 20세기 종반에 이르는 방향성이 확립되었다. 한편에서는 나카소네(仲曾根) 정권의 탄생이 큰 의미를 지닌다. '전후정치의 총결산'을 기치로 내건 나카소네 정권은 굉장히 강력한 친미정책을 재확인하는 정권이기도 했다. 1983년 1월에 방미한 나카소네 총리는 워싱턴포스트와의 회견에서 소련의 군사 위협에 대해, 만약의 사태가 발생하면 일본열도를 '불침항공모함(不沈空母)'으로 삼아 미국과 군사협력을 하겠다고 발언했다. 강경파인 레이건 미국대통령과의 친밀한 관계를 '론 - 야스관계'로 강조한 정권은 이후 일본의 방향을 결정하는 커다란 계기가 된 것이다.

이 시기에 미디어계에도 커다란 변동이 발생했다. 1984년 새해 첫날, 요미우리신문은 사설에서 보수정권 지지를 명확하게 표명했다. 공정중립을 표방하고 객관보도를 기치로 삼아 걸어왔던 유력신문 중에서 산케이신문에 이어 요미우리신문이 그 기치를 선명하게 하여 친자민당정권, 친미노선을 명시한 것도 의의가 크다. 그 후 논조는 점차 명쾌해졌고 격렬해지면서 경쟁자인 아사히신문을 좌파신문으로 정의하고 비판하는 전략을 취했다.

'왜 요미우리신문이…….'라고 질문해 볼 필요가 있다. 이 질문에 대한 답은 앞에서 자세히 설명했듯이 전후 일본 미디어의 재출발과 이후 상황과 아주 깊은 관계가 있다. 전후 미디어 재편성에 있어서 전쟁 이전부터의 대신문이 조직과 인원을 거의 그대로 계승하여 활동을 계속해 왔다는 것은 이미 소개했다. 요미우리신문도 예외가 아니었다. 그러나 그 후 요미우리신문은 미디어 중에서도 특이한 입장을 취하게 되었다. 그 원인이 된 것이 쇼리키 마츠타로(正力松太郎)였다.

쇼리키가 55년의 보수연합 당시에 자유당의 오노 반보쿠(大野伴睦), 민주당의 미키 부키치(三木武吉) 사이에서 알선을 담당했다는 것은 잘 알려져 있다. 쇼리키가 연합이 달성될 경우에 거액의 자금 제공을 요구했다는 것도 알려져 있다. 즉 쇼리키는 당시의 보수정당과 가까운 관계였으며 동시에 미국의 의향에도 부합하는 형태로 움직였던 것이다. 쇼리키는 미국과 강력한 관계를 유지하고 있다는 자신감을 갖고 그 자신감을 배경으로 다양한 활동을 했다. 당시 일본 보수정권의 수반은 미국의 암묵적인 양해 없이는 지위를 획득할 수 없었다. 미국과 강력한 파이프를 지니고 있다고 스스로 확신한 쇼리키는 스스로가 총리에 취임할 가능성도 머리에 그리고 있었다고 한다. 실제로 쇼리키와 미츠키 사이에 하토야마(鳩山) 총리 다음은 쇼리키 총리라는 밀약이 있었다는 설도 있다.[14] 1956년, 하토야마(鳩山) 퇴진 후의 총재선거는 기시 신스케(岸信介)、이시바시 탄잔(石橋湛山), 이시이 미츠지로(石井光次郎) 사이에서의 대결이었으나 이에 앞서서 요미우리신문은 쇼리키를 유력 후보로 소개하는 기사를 게재하였다.

쇼리키와 요미우리 주위에는 미국의 그림자가 강했다. '프로야구

---

14) 佐野、前掲書、 p.246.

의 아버지’, ‘텔레비전의 아버지’, ‘원자력발전의 아버지’라고 불리는 쇼리키와 그의 업적은 모두 미국과의 깊은 관계에서 만들어진 것이다. 일본의 텔레비전 발족에 관한 쇼리키의 동향은 일본 방송사 연구에서 자세히 분석하고 있다.[15] 미국이 냉전 전략의 일환으로 일본 전국에 전파에 의한 정보네트워크를 건설하고자 한다는 계획을 알게 된 쇼리키는 미국이 직접 하면 저항이 있을 수 있으므로 일본인 스스로가 하게끔 해야 한다고 주장하였다. 그리고 NHK보다 먼저 TV방송 면허를 획득했다. 또한 미국으로부터 원자로를 구입하여 원자력발전을 실시하겠다는 계획을 추진하여 기시 내각의 과학기술청 장관으로 입각하였다. 당시 표면적으로는 요미우리신문의 사주 지위를 떠나 있었지만 실권은 여전히 쇼리키의 수중에 있었다. 즉 요미우리신문은 현직 자민당 내각 관료의 수중에 있었던 것이다. 1958년 제2차 기시 내각에서 관료의 자리에서 물러난 쇼리키는 의원 신분으로 요미우리신문의 사주, 니혼TV 사장으로 복귀하였다. 정권과 미디어 관계라는 관점에서 보면 역시 특이한 상황이었다고 말할 수 있다.

이 시기의 요미우리신문, 쇼리키의 움직임의 실무를 담당한 것이 시바타(柴田秀利)였다. 쇼리키와 미국과의 관계 혹은 시바타 자신과 미국과의 관계에 대해서는 여러 가지 억측이 있다. 시바타는 자신이 CIA라는 설에 대해서 인터뷰 도중에 직접 CIA와 관련 있다고 말한 것은 아니지만, 그 당시 무엇인가를 하려면 CIA와 가까운 당국과 교섭해야 한다는 의미의 말은 남기고 있다.[16] 즉 요미

---

15) 松田浩『放送戦後史』Ⅰ、Ⅱ、双姉舎、1980年、1981年.
16) 佐野、前掲書、p.406.

우리신문은 전후 일관하여 보수정권과 극히 가까운 관계였으며 그
것은 미국과도 극히 깊은 관계를 맺고 있다는 것을 의미한다. 그
리고 그러한 입장에서 한때는 사주가 보수정권에 입각하여 현직
관료를 지내는 상황을 이렇다 할 저항도 없이 받아들인 채 활동을
지속한 것이다.

그렇다면 1980년대 이후의 요미우리신문의 논조는 이상한 일이
아니다. 오히려 전후 한 시기, 예를 들어 1960년대의 베트남전 반대
운동과 그 전후에 고양되었던 비판적인 저널리즘 풍조에 표면적으
로는 동조했을지 몰라도, 시대 변화 속에서 본래 지니고 있던 체질
을 선명하게 표현하게 된 것이라고 보는 것이 타당하다. 그리고 본
래 지니고 있던 체질이란 전쟁 이전까지 거슬러 올라갈 수 있다. 쇼
리키의 요미우리 사장 취임은 1924년이었다. 일본 미디어에게 있어
서 45년 패전에 의한 근본적인 체질 개혁은 없었다. 그렇다면 요미
우리신문 내에 역사적 체질이 여전히 남아 있다고 볼 수밖에 없다.

2) 요미우리신문에 의한 아사히신문의 비판

그렇다면 다른 신문은 어떨까. 예를 들어 아사히신문은 정권 비
판적이며 좌익적이라는 견해를 자주 듣게 된다. 이것도 음미해 볼
필요가 있다. 전후 일본의 정치상황, 미디어상황 속에서 아사히신
문은 요미우리신문과 거의 비슷한 행보를 보여 왔다. 앞에서 소개
한 60년 안보 논쟁 당시, '7사공동선언'을 발표했을 때는 아사히신
문이 주도권을 쥐고 있었다. 그런 의미에서 아사히신문도 진정으로

강력한 보수영구정권에 대항했다고 볼 수 없으며, 오히려 일본의 전체 상황을 인식하고 현실주의를 받아들이면서 활동해 왔다는 해석이 타당하다.

요미우리신문은 아사히신문을 '좌익적'이라고 비판하면서 보수적 경향을 중도적으로 표출해 왔다. 이러한 캠페인은 상당히 성공적이었다고 볼 수 있다. '아사히신문은 좌익이다', '빨갛다, 빨갛다, 아사히는 빨갛다'라는 슬로건이 세상에 유포되었다. 그러나 현실적으로 분석해 보면, 아사히신문도 상당히 보수정권을 배려해 왔으며 현실주의적으로 활동해 왔음이 명백하다. 예를 들어 앞서 이야기한 총리의 미국 방문 시에는 대기자단을 파견하고 성과를 선전하는 역할을 수행했으며, 새로운 총리가 탄생하면 우선 긍정적인 평가 기사를 게재해 왔다.

그럼에도 불구하고 요미우리신문은 아사히신문을 '좌익적'이라고 단정해 왔다. 이것은 전략적으로 일석이조의 효과를 거두었다. 한편에서는 경쟁지의 입장을 비난하는 것이다. 다른 한편에서는 실제로 그렇게 좌익적이지 않은 경쟁지를 '좌익적'이라고 정의함으로써 일본 여론 전체의 보수화를 자연스럽게 추진할 수 있었다.

중도의 축이 있고 그 양쪽에 두 신문이 있어서 대항하고 있다면 사람들은 다양한 견해에 접하고 정보를 입수할 수 있다. 그러나 만일 중도보다 오른쪽에 있는 두 신문을 한쪽은 '보수적', 다른 쪽은 '개혁적'이라고 정의한다면, 사람들은 어떤 상황에 놓이게 될까. 요미우리신문, 아사히신문 구독자 합계는 2,000만 세대를 넘는다. 이번 여론조사 결과를 보면, 아사히신문, 마이니치신문 구독자와, 요미우리신문, 산케이신문 구독자 사이에서 분명 차이가 있었다. 그러나 각각의 쟁점에 관한 차이는 있을지언정, 모든 구독자에게서 다소 국가주의적인 색채를 보이는 답을 선택한 사람이 더 많았다. 그것은 미디어계 전체의 문제다. 국기·국가법안(國旗·國歌法案), 유사법제(有事法制) 등에 대해서 전체적으로는 찬성 쪽이 다수다. 헌법 개정에 대해서도 찬성파가 다수를 점하고 있다.

5. 기성사실에 대한 굴복

1) 정권과의 거리를 좁혀가는 유력 신문

20세기 후반, 산케이신문과 요미우리신문이 스스로의 논조를 명확히 했다. 그런 상황이 진행된 배경에는 사회적, 정치적, 경제적 상황이 존재한다. 그러한 배경은 마이니치신문이나 아사히신문에게 있어서도 동일하다.

현재 각 신문 논조가 또다시 조금씩 비슷해져 가는 것으로 보인다. 2000년부터 2003년까지 아사히신문의 유사법제에 관한 논조가 변화한 것은 이미 소개했다. 2004년 새해 첫날, 마이니치신문은 사설에서 자위대의 이라크파병에 대하여 "자위대 파병의 선택에는 기본적으로 동의한다. 대미 추종 이외에 전략이 없는 현재, 가지 않는다는 선택이 불러올 위험이 너무 크다."고 서술하였다. 전체적인 언론 상황이 정권과의 거리를 좁혀 가고 있는 것이다.

역사적인 상황을 검토하면서 밝혀진 것처럼, 일본사회에서 다양한 조직 개혁이나 재편성은 번번이 보수화의 방향으로 이루어져 왔다. 노동조합이 연합의 깃발 아래에서 재편성되었을 때, 그것을 '우경화 재편'이라고 비판하는 목소리가 강했다. 현재, 정치세계에서 자민당과 민주당의 '2대 정당 시대'가 가까워 오고 있다는 주장도 있다. 그러나 한편에서 공산당은 2대 정당이라고 해도 양당은 그 구성원이나 정책 등에서 명확한 차이가 없고, 결국은 보수정당 두 개가 있을 뿐, 다른 선택지를 제공하는 2대 정당이 아니라고 비판하고 있다.

이와 관련한 비판에는 귀를 기울여야 할 것이다. 예를 들어 99년의 일련의 법안 심의에서 민주당은 '제2 보수당'으로서의 역할을 수행해 온 경우도 있다. 그렇다면 현재의 일본 정치상황은 강력한 보수 2당시대에 진입하고 있다고 볼 수 있다.

미디어로 눈을 돌리면, 아사히신문과 마이니치신문의 논조가 정권과의 거리를 좁혀 가고 있다. 헌법 관련 논의를 보면, 마이니치는 이미 논의에 참가하겠다는 자세를 명확히 하고 있지만 개헌의 필요성을 전제로 하고 있다. 아사히신문의 헌법 관련 논의도 헌법 개정 단연코 반대라는 입장에서 변화하고 있다. 여론조사에서 개헌이 필요하다는 응답이 다수를 점하는 상황에서 보인 변화이다. 유력 신문의 논조가 전후 시기와 동일하게, 어떤 신문을 읽어도 비슷한 상황에 다시 근접하고 있는 것인지도 모른다. 그런 의미에서 유력 신문 사이에서도 다소 보수적인 논조로 재편성되는 힘이 작용하고 있을지도 모른다.

2003년 여름 조사 이후, 자위대의 이라크 파병에 대해서는 상황이 크게 변하였다. 그 사이에 진행된 동향 속에서 지금의 미디어와 여론의 문제를 생각해 볼 수 있는 몇 가지 열쇠가 내재되어 있다. 앞에서 논한 것처럼, 마이니치신문은 2004년 새해 사설에서 "자위대 파병의 선택에는 기본적으로 동의한다. 대미 추종 이외의 전략을 가지고 있지 못한 현재, 가지 않는다는 선택이 불러올 위험이 너무 크다."고 말했다. 같은 날 요미우리신문 사설에서는 자위대 파병이라는 결단은 전후 역사를 가로지르는 의의가 있다고 말하면서 집단적 자위권 확립을 주장하였다.

2004년 1월 26일 마이니치신문은 1면에서 〈이라크파병 찬반 동일〉이라는 제목하에, 조사결과 자위대 파병에 대한 찬성과 반대가 47%로 동일하게 나타났다고 보도했다. 이것은 앞서 말한 것처럼, 아사히신문 구독자는 찬성 26.9%, 반대 63.9%, 마이니치신문 구독자는 찬성 28.8%, 반대 58.8%, 요미우리신문 구독자는 찬성 44.1%, 반대 47.5%로 나타났었던 2003년 7월 상황에서 크게 변한 것이었다.

2) 현실 추인을 강화하는 유력 신문

아사히신문은 2004년 2월 3일 사설에서 육상자위대 본대 파병 개시에 즈음하여, "우리는 지금 이라크에 자위대를 보내는 것에 반대한다. 법률적으로도 정치적으로도 무리가 큰 파병에 대하여 여론은 크게 이분화된 상태 그대로다."라고 하면서, "파병은 현실이 되었다." "대원이 무사히 임무를 마칠 수 있도록 간절히 기원하지 않을 수 없다."라고 말하고 있다.

당연히 요미우리신문은 적극적인 논조를 보이고 있다. 여기에서 문제는 아사히, 마이니치의 논조에서 보이는 현실추인의 자세다. 실제로 이러한 현실추인이 극히 위험하다는 것은 전쟁 당시의 미디어 논조 분석에서 명확히 지적되고 있다. 만주사변 확대 당시의 신문논조를 분석한 연구에서는 매스미디어가 기성사실에 굴복했다고 논하고, 군부를 중심으로 한 세력이 전쟁을 확대해 가는 것에 대해서 "현실이 여기까지 진전해 버린 상황에서는"이라고 매스미디어가 "이른바 '현실'을 한없이 추인하는 패턴"을 확립했다고 지적하고 있다.[17] 또한 여기에서 읽을 수 있는 것은 "기성사실에 대한 굴복이라는 현실관이며 현실을 사실상의 권력관계에 환원하는 사고법이다. 즉 기성사실을 초월하는 권력을 지닌 곳에 언론의 진정한 힘이 있다는 인식과 확신이 결여된 것이다."[18]고 논하고 있다.

돌이켜 보면, 자위대가 조직으로 확대되고 장비를 강화해 가는 것은 모두 기성사실이 축적된 위에서 이루어져 왔다. 이라크 파병도 지금까지 축적되어 온 기성사실의 연장선상에 있다. 지금의 유력 신문 논조에 '기성사실에 대한 복종'의 징후가 보인다. '기성사실을 초월하는 언론의 진정한 힘'은 나타나고 있는 것일까.

현실추인은 때때로 '현실적, 구체적인 시각'이라는 인상을 준다. 이념에 근거한 논의는 '현실과 동떨어져 있다', '상황에 대한 인식이 부족하다', '탁상공론이다'는 비판을 받고 물러나기 쉽다. 이런 논의의 장에서 일어날 법한 폐해를 타파하는 것은 역시 문제에 대

---

17) 掛川トミ子「マスメディアの統制と対米論調」細谷・斎藤・今井・蝋山編『日米関係史』
　　東京大学出版会、1972年、p.63.
18) 掛川、前掲書、p.69.

한 이성적인 분석과 판단이다. 지금 자위대에 관한 다양한 논의 속에는 이미 대규모 조직으로서 자위대가 존재한다는 것에서부터 축적되어 온 논리가 섞여 있다. 그러한 기성사실을 전제로 한 논의는 방향전환이 어렵다. 방향전환이 곤란해지면 논의는 그 방향으로의 추진파와 저지파의 대립이 될 수밖에 없다. 이런 경우 추진파가 힘을 가지게 되는 경우가 많음을 역사가 가르쳐 주고 있다.

지금 유력 신문은 현실 추이 경향을 강화해 가고 있는 것은 아닐까. 이런 상황 속에서 정권과 거리를 두고 자유주의적 논조를 유지하고 있는 것은 「뉴스스테이션(ニュースステーション')」과 「키쿠치 테츠야(筑紫哲也) NEWS 23」이다. 이 프로그램의 습관적 시청자는 의견 형성에 있어서 특이한 존재라는 것을 앞에서 소개했다. 「뉴스스테이션」의 구메(久米) 히로시 캐스터가 그만둘 경우, 이후의 일본 언론 상황은 어떻게 될까. 다시 한 번 노가 크게 흔들릴 가능성이 없다고는 말할 수 없다.

현실추인을 반복하는 한, 미디어는 현 정권을 추인하는 것이 된다. 그것은 정권교체의 길을 막는다. 건전한 민주주의 기능을 위해서는 정권교체가 필수조건이다. 선진국 수뇌회담에 모이는 모든 국가들은 이미 최근 수십 년 사이에 정권이 교체되었다. 일본만이 예외다. 과거에는 아시아 냉전구조의 최전선에 있었던 나라들도 정권교체를 이루지 못했다. 그것이 냉전시대 미국의 아시아 전략의 일환이었다는 것은 앞에서 논했다. 냉전시대가 끝나면서 아시아 각국은 정권이 교체되어, 냉전 이후의 국제상황에 대응하는 자세를 갖추었다. 한국은 문민정권으로 이행하였다. 필리핀에서는 마르코스 정권이 붕괴하였다. 인도네시아에서는 수하르트 정권이 바뀌었다. 이렇게 보면, 아시아 각국에서 냉전 이후의 체제정비가 착착 진행되어 왔음을 알 수 있다. 그런 가운데 일본은 예외로 남아 있으며 새로운 시대에 대한 체제정비의 지연이 국제관계와 국내 상황에서 커다란 문제가 되고 있다.

시대 정세에 대한 대응이 지연되고 있는 상황에 일본 미디어가 깊이 관여하고 있는 것은 아닐까. 본질적으로 체제에 근접해 있는 미디어에 의해 개혁의 길이 막혀 버린 것은 아닌가라는 질문을 던져 볼 필요가 있다.

1) '공정성·중립성'이란 무엇인가?

제1부에서는 다양한 쟁점에 관한 유력 신문의 논조를 분석하고 그 논조와 독자 의견 사이의 관계를 살펴보았다. 여기에서 신문이 표방하는 '공정·중립'이란 무엇인가라는 문제가 떠오른다. 미디어의 행동원리에서 흔히 일컬어지고 있는 '공정·중립'이란 구체적으로 어떤 개념일까.

먼저 유의해야 할 것은 '중립성'이라는 것이 반드시 '공정성'을 의미하는 것은 아니라는 점이다. '의견이 대립되는 문제에 대해서는 쌍방을 공평하게 다루어야 한다.'고 흔히 알려져 있다. 그러나 이 명제에는 커다란 결함이 있다는 것이 미디어 연구 분ㅣ알려져이미 명확히 지적되었다. 대립되는 의견을 '공평'하게 다루면 '공정'을 현저하게 결여하게 되는 사태가 발생할 수 있기 때문이다.

미디어는 수은병(미나마타 病)이 사회적으로 큰 문제가 되었던 1960년부터 1970년 사이에 이를 통절하게 배웠다. 수은병이 발견되어 사회문제로 떠올랐던 당시, 원인물질을 특정해 내기가 어려웠다. 당시 의학계에 금속 중독에 관한 지식이 그다지 많이 축적되지 못했다는 것도 원인 중의 하나이다. 처음부터 공장 배수를 의심하는 목소리가 있었다. 그러나 지역사회의 큰 존재로 자리 잡고 있었던 치소 주식회사를 상대로 원인을 찾아내는 작업은 어려웠다. 구마모토대학(熊本大學)을 중심으로 한 조사반은 부근 바다 속에서 채집한 여러 물질에 대한 실험 검토를 거듭하여 드디어 유기수은이 원인물질이라는 확증을 얻을 수 있었다. 1956년 공식 환자가 발생한 이후 3년의 세월을 들인 노력의 결과였다. 이에 대해서 중앙정부의 후생성은 바로 도쿄공업대학의 유력교수를 현지에 파견하여 반론 캠페인을 벌였다. 교수는 대학원생과 함께 약 일주일간의 현지 조사를 실시하였다. 그리고 그 결론으로 어패류의 독이 원인물질이라는 학설을 발표했다. 여기에서 서로 의견이 대립하는 쟁점이 발생했다. 그리고 미디어는 쌍방의 가설을 '중립'이라는 입장에서 공평하게 다루었고, 사설에서도 "학설 제각각 – 공장폐수와의 관계도 불명"(아사히, 60년 4월 27일)이라고 논하기에 이르렀다.

여기에서 미디어의 오진은 무엇이었을까. 그것은 수년의 세월과 방대한 인원을 동원하여 가까스로 도달한 결론과 겨우 일주일간의 현지조사에서 확실한 검증도 없이 만들어진 결론을 쌍방 '공평하게' 다루었다는 것에서 발생한 오진이다. 이후 구마모토대학이 다대한 노력 끝에 도달한 결론이 옳았음이 증명되었다. 하지만 관청과 가해책임자로 의심받던 공장의 뜻을 받아들여 중앙의 유력교수가 수행한 역할은 그 검증 과정에 개입하여 결론의 신빙성을 저하시키고, 이후 피해자에 대한 보상 교섭에 커다란 그림자를 드리우게 만들었다. 미디어가 이 유력교수의 견해와 구마모토대학의 결론을 각각 정당하게 평가하여 다루었다면 사태는 분명히 달라졌을 것이다.

의견이 대립하는 쟁점에 대해서는 쌍방의 의견을 비교 경중하여 각각의 타당성을 판단할 필요가 있다. 그리고 양쪽의 입장에 나름의 합리성이 있다고 판단되었을 때 미디어는 쌍방 공평하게 다룰 필요가 있다. 한쪽의 의견이 다른 한쪽의 의견에 비하여 질적이나 내용 등이 떨어지는 경우, 쌍방 공평하게 다루는 것은 '공정'이 아니다. 수은의 보도 분석은 이것을 명확히 보여 준다. 그럼에도 불구하고 '중립'의 실천은 이후의 공해보도에 있어서도 반복되었으며 결과적으로 피해를 입은 사람들에게 불리하게 작용했다고 분석되고 있다.[19]

'중립'에 관한 갈등은 때때로 미국의 대통령선거에서 현실적 문제로 나타나고 있다. 대통령선거는 대부분 민주당과 공화당 2대 정당 후보 사이의 대결이다. 이 2대 정당의 두 후보에 대해 중립을 지키는 것은 공정한 것인가 아닌가. 논의해야 할 것은 이 점이다. 두 후보의 능력, 자질이 백중한 경우, 쌍방에 대해서 어느 정도의 중립적 입장에 선다는 것은 공정성 유지에 이어질 수 있다. 그러나 두 후보 사이에 명백한 능력과 자질의 차이가 있을 경우 두 후보를 공평하게 다루는 것은 공정하지 않을 가능성이 있다. 현실적으로 미국 대통령선거에서 두 후보의 능력, 자질의 차이가 있는 경우가 있었다. 1960년대에 초강경파인 골드워터가 공화당의 대통령 후보로 지명되었다. 이 후보는 동구권 국가들을 핵무기로

---

19) 石川旺「マスメディアとマイノリティー」『コミュニケーション研究』No.23、1993年、
　　pp.1—12.

제압할 필요가 있다고 공언하는 인물이었다. 이러한 후보에 대해서 유력지는 대통령으로 부적합하다는 비판을 게재하였다.

미국의 유력 신문은 대통령선거에서 명확하게 한쪽 후보자 지지를 밝히는 경우가 있다. 그것이 후보자의 자질 능력에 관계없이 언제나 한쪽 정당의 후보자를 지지하는 형태로 나타난다면 그 신문은 공정하지 않다고 받아들여질 것이다. 그러나 어떤 경우에는 한쪽 정당의 후보자가 보다 바람직하다고 하고, 또 다른 경우에는 다른 정당의 후보자가 보다 바람직하다고 하고, 긴 역사 속에서 그러한 판단을 검증해 봤을 때 각각의 경우 판단의 타당성이 높았다고 평가받는다면 그 신문의 '중립적이지 않은' 논조는 '공정하다'는 명성을 얻을 것이 틀림없다. 즉 공정이라는 것은 개개의 쟁점에 대해서 어떤 입장을 취하는가라는 것으로 만들어지는 것이 아니다. 하물며 개개의 쟁점에 대해서 언제나 '중립'의 입장을 취하는 것으로부터 만들어지는 것도 아니다.

국기·국가법안, 유사법안을 둘러싼 논의, 자위대의 이라크 파병을 둘러싼 논의의 신문기사를 분석했는데 중립적으로 양쪽의 의견을 소개하는 기사가 전체적으로 많았으며, 일정한 견해를 진술하는 기사는 적었다. 이러한 정보환경 속에서 강력한 의견을 제시하는 미디어가 사람들 의견에 영향을 미치고 있는 것으로 보인다.

2) '공정성'과 '다양성'

'공정성'이라는 개념에 뒤따르는 또 하나의 요건이 '다양성'이라는 개념이다. 이 개념이 상세하게 논해진 것은 70년대 이후 미디어 환경의 변화 속에서 공영방송의 위상을 둘러싼 검토가 활발하게 이루어질 때부터이다. 상업방송이 도입된 나라, 기술혁신에 의해 다채널화가 진행되고 있는 나라에서 공영방송의 기능이나 책임이 논의의 대상이 되었다. 그때 공영방송이 추구해야 할 이념으로서의 '공정성'이란 구체적으로 무엇을 의미하는가가 명확해졌다. 여기에서 논의된 것은 '다원성', '다양성'이라는 개념이었다. 이해관계가 대립하는 쟁점을 다룰 때 세심한 노력이 필요하다는 것은 두말할 필요가 없다. 독자나 시청자가 모든 의견에 접할 수 있도록 배려해야 한다는 것은 자명하다. 그러나 그것은 모든 의견이 동등하게 취급되어야 함을 의미하는 것이 아니다.

'어떤 일련의 의견이 다른 견해에 비하여 어느 정도 유력한가'[20]를 추측하는 것도 중요하다. 예를 들어 '불편부당'이라는 이념에 대해서 양쪽으로부터 동등한 거리를 유지하는 것이 불편부당을 실천하는 것이 아니다. 다양한 쟁점에 대해서 의견 대립의 양상은 상이하다. 따라서 '공정성'을 추구할 때 중요한 것은 긴 세월을 거쳐서 봤을 때 쟁점에 관해 제출되어 온 다양한 의견이나 견해의 취급이 어느 한 쪽으로의 편향성을 보이는가 아닌가라는 것이다.

이러한 사고방식은 통일 전의 서독에서 공영방송을 둘러싼 논쟁 속에서 명시되었다. 여기에서는 '공정'이나 '기회균등'이라는 개념과 겹치는 것으로 '균형성'이라는 개념이 제출되었다. 균형성이란 쟁점을 둘러싸고 대립하는 의견을 '기계적으로 평등하게 제시'하는

---

20) Annan, Noel G., "Public Service Broadcasting : The Debate in Britain", Studies of Broadcasting, No.25, 1989, pp.141 - 164.

것이 아니라, 쟁점에 관해서 포괄적으로 균형 있는 형태로 '정보의 스펙트럼'을 제공하는 것이라고 말하고 있다.[21]

그러한 관점에서 보면 공정하다는 것은 기본적으로는 다양한 의견을 밸런스 있게 제시하는 것이라고 이해할 수 있다. 이 경우 밸런스라는 것은 다양한 각각의 의견에 대해서 모든 것을 동등하게 다루는 것이 아니라 각각의 타당성이나 신뢰성에 대한 판단을 포함하여 다루는 것을 의미한다. 그리고 거듭 말하지만 공정함에 대한 평가와 판단은 각각의 쟁점에 대해서 오랜 시간에 걸쳐서 검증한 후에 구축되는 것이다. 그리고 다양성을 추구하는 한 미디어 논조는 필연적으로 시민적 입장에 입각하게 된다. 시민들 사이에 존재하는 다양성을 어떻게 작성하여 제시할 것인가가 과제이므로 '공정'이라는 이념은 시민적 공정을 의미하는 것이라고 볼 수 있다.

그러나 사회 전체로 봤을 때 모든 미디어가 여기에서 이야기하는 '공정'의 이념을 추구할 필요는 없다. 이 점도 확실히 인식해 두어야만 한다. 어떤 특정 이념에 근거한 미디어나 어떤 특정 집단 구성원 사이에서 정보나 가치관을 공유하기 위한 미디어가 존재하는 것은 미디어계 전체 구조에서 봤을 때 오히려 바람직하다고 말할 수 있다. 전체로서는 다양한 미디어가 존재하는 편이 건전한 것이며 우리들은 스스로의 신념에 근거하여 각각의 미디어를 활용하는 것이 좋다.

단, 앞에서 논한 것처럼 일본의 유력 신문은 '공정·중립'을 표방해 왔으며 우리들은 여전히 그렇게 이해하고 있다. 그러한 우리

---

21) 石川明「放送における多元性の構造」『放送文化調査研究年報』No.31, 1986年、pp. 127－147.

들 이해 속에서 한 가지 신문만을 구독하는 습관이 지속되고 있으며, 그 속에서 유력 신문이 각각 독자적인 논조를 전개하고 있는 것이 지금의 상황이다. 게다가 많은 독자는 그러한 유력 신문 사이에서도 논조의 차이가 있다는 것을 별로 신경 쓰지 않는 것으로 보인다. 논조에 차이가 있기 때문에 신문을 또 하나 읽어야겠다고는 생각하지 않는다. 그래서 복수의 신문을 구독하는 세대가 눈에 띄게 증가하고 있지 않다.

3) 크로스 미디어 체크(Cross Media Check)

요미우리신문의 논조, 「뉴스스테이션」의 논조 각각은 미디어가 공급하는 정보환경 속에서 독자적인 지위를 점하고 있다. 그렇게 다양한 정보가 존재하는 것이 바람직한 것이다. 그러나 많은 사람들이 제한적인 정보원에 의지하여 공급받은 정보를 그대로 받아들이고, 마치 자기 자신의 의견인 양 착각하는 경우가 증가하고 있다고 한다면 여기에는 큰 문제가 발생한다. 그러한 표면적인 의견 형성이나 '패로팅(Parroting)'을 피하고 '숙고'를 회복할 방법은 없는 것일까.

실은 비교적 간단한 방법으로 그런 목적은 달성 가능하다. 크로스 미디어 체크가 바로 그것이다. 쟁점과 관련하여 의식적으로 복수의 정보원을 활용하는 것이다. 구체적으로는 복수의 신문을 비교하며 읽는다거나 신문과 TV뉴스를 조합해 보거나 하는 방법이다. 이렇게 함으로써 문제에 대한 다각적인 정보를 얻을 수 있으며 전혀 상이한 해석을 접할 수도 있다. 또한 어떤 미디어에서는 보도되지 않았던 정보가 다른 미디어에서는 자세히 보도되고 있는 경우도 있다. 각 신문과 TV뉴스의 비교만으로는 충분하지 않다. 출판사가 발행하고 있는 주간지에도 주목할 필요가 있다. 신문과 TV 사이에는 강력한 자본 관계가 놓여 있지만 출판사는 다른 기반 위에 서 있어 또 다른 관점을 제시하는 경우가 종종 있다. 주간지 특종으로 다양한 문제가 표면화된 사례는 많다. 앞에서 논했지만 평소에 사람들은 중요한 문제, 스스로의 이해관계가 깊이 연관된 문제에 대해서는 다양한 정보원으로부터 정보를 수집하고자 한다. 중요한 쟁점에 관해서 이러한 방법을 실천하면 좋을 것이다.

사람들은 주류 미디어는 '공정·중립'하며, 신문의 경우 어떤 신문을 읽어도 내용에 큰 차이가 없다는 생각하에 복수의 정보원을 비교하고 참조하는 습관을 잃어 왔다. 확실히 1950, 60년대에서 70년대경까지는 그러한 방법으로도 세상에서 일어나는 일에 관하여 일정 정도 이해할 수 있었다. 그러나 오늘날 미디어가 다양해지고 있어 단일 정보원에 의존하는 것은 좋은 방법이 아니다. 지금까지 논한 것처럼 다양한 쟁점에 대해서 여러 신문을 비교 참조하는 것만으로도 현격한 차이를 깊이 통찰할 수 있을 것이다.

지금은 다양한 쟁점에 대해서 확실한 입장을 표명하는 미디어가 등장하고 있다. 그럼에도 불구하고 많은 사람들은 그러한 논조의 차이를 확실하게 의식하지 않는다. 그래서 미디어와 사람들의 의견 형성에 관한 문제가 발생한다. 만일 사람들이 복수의 미디어를 비교하고 참조하는 습관을 가진다면 이 문제는 해소할 수 있다.

이러한 상황 속에서도 한 가지 희망이 있다. 인터넷 활용이 바로 그것이다. 무엇인가 관심 있는 정보를 어디에선가 입수했을 때 컴퓨터 앞에서 인터넷을 경유하여 더 많은 정보를 수집하고자 하는 행동 경향이 일반화하고 있다. 현재로서는 아직 젊은 층을 중심으로 하고 있지만 장래에는 좀 더 확장될 것이라고 기대된다. 이전에는 미디어를 통해 정보를 입수하면 그 후의 행동은 좀처럼 일어나지 않았다. 그러나 후의선으로 서로 다른 루트를 통해 정보를 검색하고 다양한 정보원으로로부터 얻은 정보와 비교 검토하면서 스스로의 해석을 구성하는 행동이 일상화된다면 사람들과 매스미디어의 관계는 상당히 변화할 것이다.

신문이나 TV에서 사건이나 사고를 알게 된 후 인터넷에서 정보검색을 하는 행동은 젊은 세대에게는 이미 평범한 일이 되었다. 사건이나 사고뿐만 아니다. 예를 들어 취업활동에 관한 소문이나 정보가 난무하면 그것을 인터넷을 경유하여 검색하고 확인한다. 2003년 가을에 민간연구자에 의한 지진예지정보가 보도되었을 때에는 많은 젊은이들이 인터넷 링크를 따라서 예지정보발신자의 홈페이지까지 찾아갔다고 한다.

여기에서 문제가 되는 것은 인터넷상에서 입수 가능한 정보의 신빙성, 품위의 문제를 포함하는 정보의 질에 관한 문제이다. 현재로서는 아직 여러 가지 문제가 존재한다. 그러나 중요한 것은 사람들이 어떤 정보를 입수한 다음 그 정보에 대해서 스스로 검색한다는 점이다. 이러한 것이 장래에 더욱 일반화하고 습관화한다면 단일 정보원에 의지함으로써 발생할 수 있는 여러 가지 문제를 개선할 가능성이 있다.

4) 논리 체크(Check)

숙고를 회복하는 또 하나의 방법은 취득한 정보에 관해서 스스로가 논리적으로 판단하는 것이다. 이 방법을 '논리 체크'라고 하자. 구체적으로는 공급받은 정보에 대해서 이미 가지고 있는 정보를 활용하여 이들 정보와 서로 맞추어 보고 스스로의 판단에 도달하는 것이다. 그렇게 함으로써 미디어 정보가 그대로 축적되는 것이 아니라 자기처리를 거쳐 내면화된다. 이 방법은 유언비어나 루머에 대처하는 방법으로 널리 이용되고 있다. 예를 들어 맥도날드사가 일본에 진출했을 때 햄버거에 고양이 고기를 사용하고 있다는 유언비어가 유포되었다. 그러나 일반인이 가지고 있는 상식으로 판단하면 고양이를 잡아서 처리하여 햄버거 고기로 사용하기 위해서는 높은 비용을 요한다는 것이 자명하다. 이렇게 스스로 가지고 있는 상식을 활용하면 유언비어에 휩쓸릴 일은 없다. 요점은 가지고 있는 정보를 조합하여 활용하는 것이다. TV프로그램에서 소개하는 초능력이나 컬트 등도 일반적인 상식에 비추어 보면 모순이 드러난다.

이 논리 체크의 가장 확실한 사례는 UFO이다. 간단한 산수 계산에 의해 이 우주에는 필시 지적 생명체가 존재할 것이라는 것을 입증하고, 지구인이 그 생명체와 조우할 가능성은 거의 제로에 가까울 것이라는 것을 알 수 있다. 좀 극단적인 예를 든다면 기원전 4000년에 이집트 나일 강에 던져진 탁구공(물론 비유이지만)이 썩지도 않고 가라앉지도 않고 떠다니다가 바다 어딘가에서 딱 맞부딪히는 가능성이 확률적으로 훨씬 높은 건 아닐까.

첫 번째 문제는 거리와 속도이다. 인류의 기술이 도달한 최고속

도는 초속 약 10킬로미터, 은하계에 생명이 존재할 가능성이 있는 천체까지의 거리는 확률 계산에 의하면 수십 광년, 1광년을 가는 데에 약 3만 년이 걸리는 것이 현재 인류의 기술이다. 이것은 항성 간 항해에는 도움이 되지 않는다. 실제로 지구인은 다른 항성에는 갈 수 없다. 항성 간 항해를 하는 우주인은 적어도 이것보다 1만 배 이상의 속도를 가지고 있어야만 한다. 지구상에서 목격된 UFO는 초속 수십에서 수백 미터로 날고 있다. 상상을 초월하는 속도로 우주공간을 비행하여 대기권에 돌입할 때의 마찰에 의한 맹렬한 고온을 견디고 그리고 고밀도의 대기 속에서 컨트롤 가능한 비행물체를 제조할 수 있을까. 게다가 다시 대기권 내에 낙하하면 우주공간에 돌아가기 위해서는 방대한 에너지를 필요로 한다. 이것은 우주선 발사에 필요한 대출력 엔진과 막대한 연료를 보면 알 수 있다. 그럼에도 낙하해 올 합리적인 이유가 있을까?

두 번째 문제는 타이밍이다. 별은 영원하지 않으며 탄생하고 소멸한다. 그 속에서 생명이 성장할 수 있는 것은 시간적으로 거의 일순간에 지나지 않는다. 다른 천체 상에서 생명이 탄생하고 발달했다고 해도 상호간에 조우할 수 있는 타이밍과 거리 안에 있다는 것은 먼저 불가능하다. 지구인이 우주의 다른 지적 생명체와 조우할 가능성은 그 정도로 낮으며, 현재의 미확인비행물체가 우주인이라는 해석은 성립하지 않는다고 해도 좋다. 반복하지만, 우주의 어딘가에 지적 생명이 존재하는 것은 거의 틀림없을 것이다. 단, 지구인이 그 지적 생명체와 만날 수 있을까 없을까는 전혀 별개의 문제인 것이다.

이러한 논리 체크를 통해 정보를 처리하는 방법은 일상적으로 공급되는 다양한 쟁점에 관해서도 극히 유효한 방법이 되어 문제의 이해를 깊게 한다. 예를 들어 앞서 소개한 수은병 사례의 경우, 일대의 주민들 사이에 유기수은중독에 의한 건강피해가 확대되고 보상이 이루어졌다. 그때 건강피해를 입었다고 진단받은 사람들이 '인정환자'이며, 그들이 보상의 대상이 되었다. 중독 원인은 유기수은에 오염된 물고기를 먹은 것이었다. 그렇다면 건강피해의 범위는 당초 인정받은 약 100명과는 큰 차이가 날 것이라는 것이 상식적인 판단이다. 일대 주민들이 눈앞의 바다에서 잡힌 물고기를 먹지 않았을 리는 없기 때문이다.

현재, 클러스터 폭탄의 비인도성이 문제가 되고 있다. 하지만 비인도적이라고 비난받고 있는 병기를 일본 자위대가 보유하고 있다는 것이 밝혀졌다. 보유 이유는 '일본이 외국군의 침략을 받아 적이 상륙했을 때 대항하기 위한 것'이라고 설명되었다. 이 폭탄은 통상 항공기에 의해 낙하된다. 일본에 적군이 상륙작전을 실시한다면, 먼저 항공 병력을 철저히 섬멸하고 그 후에 상륙해 올 것이라는 것은 일반인의 상식으로도 상상이 가능하다. 따라서 이 설명은 전혀 설득력이 없다. 게다가 불발탄이 많다는 이 폭탄을 자국 내에서 사용하면 나중에 국민에게 커다란 피해를 입힐 것이라는 예상도 가능하다. 보유하고 있다는 것은 뭔가 다른 이유가 있다고 해석해야만 한다.

현재 일본은 방대한 채무를 안고 있어 적자재정 상태라고 알려져 있다. 이후 어떻게 하면 좋을까라는 논의 속에서 반드시 나오는 것은 어떤 형태로든 증세안이다. '무언가 새로운 재원을 확보하지 않으면…….' '적자재정이 이대로 계속되면 큰일이다.'라는 것이 일반적으로 제시되고 있는 틀이다. 관청이나 정부수뇌는 모두 그러한 틀에서 의견을 논하고 미디어의 해설·논평도 이에 따르고 있다. 그러나 몇 가지 지표를 조합해 보면 다른 해석이 보인다. 예를 들어 고도경제 성장의 기점이 되었던 1960년과 현재를 GDP, 국민소득 등의 경제지표로 비교하고 대략 몇 배인가를 보면 된다. 모든 지표는 약 30배 전후라는 것을 나타낸다. 그러나 일반회계는 50배 이상 증가하고 있다. 즉 재정이 엄청나게 방만하다는 것이다. 게다가 방대한 특별회계가 있다. 따라서 지금 필요한 것은 재정 낭비를 없애는 것이다. 미디어가 제시하고 있는 정보에 근거하여 현재의 일본 재정 상태를 이해해 버리는 것이 아니라, 스스로의 정보처리에 의해서 사태를 이해하고자 하는 것이 포인트다. 다양한 보도에는 방만한 재정을 의심할 만한 계기가 포함되어 있다. 거기에서 자기 스스로 경제지표와 일반회계의 증가를 체크해 보면, 그 의심이 상당히 구체적인 것이 된다. 이제 앞으로 개인으로서의 독자적인 의견 형성까지는 일보 앞까지 와 있다.

99년 12월에 발표된 2000년도 각 관청의 국가공무원 정원에 의하면 새로운 관청 체제로의 이행에 따르는 증감을 포함하여, 4,387명이 감소하는 것으로 나타나고 있다. 관청 재편이라고 해도 결국 총인원 48만 5,648명의 겨우 0.5% 감원이다. 민간기업의 정리해고와는 비교가 안 된다.

5) 핵무기에 관한 논리적 검증

다양한 쟁점에 관한 이해의 구조 속에서 권력 측이 제시해 온 구조가 그대로 정착되어 온 경우가 많다. 국가기구 재편, 재정문제, 그리고 자위대를 둘러싼 문제 등에 있어서 미디어는 권력이 공표하는 틀에 따라서 그것을 유포하는 기능을 수행하고 만 것은 아닐까. 그 틀이 적절한가 아닌가에 대한 논리적 검증이 부족했던 것은 아닐까.

이 문제를 더욱 선명하게 드러내는 것은 대량살상무기를 둘러싼 논의다. '깡패국가'가 핵무기를 보유하는 것은 위험하다는 논리를 일본은 받아들였다. 그러나 원폭을 체험한 국가로서 다른 논리를 구축해야만 했다. 그럼 그 논리는 어떤 것일까. 그 전제는 핵무기를 '절대 악'으로 인식하는 것이다. 지금 책상 위에 높이 1센티미터의 작은 원주를 세운다. 제2차 세계대전 중에 사용된 통상병기 속에서 최대급의 파괴력을 지니고 있었던 것은 TNT화약 1톤의 폭탄이었다. 예외로 전함 비스마르크의 자매군함인 틸피츠가 휘욜드의 깊숙한 안쪽에 정박해 있는 것을 공격한다는 특수목적을 위해 개발된 대량폭탄의 예는 있었지만 통상 사용된 폭탄으로는 1톤 폭탄이 최대급이었다. 화약 1톤이라는 것은 대단한 양이다. 예를 들어서 일본해군은 순수산소를 이용한 우수한 어뢰를 개발했는데 그 화약량은 500킬로그램이었다. 이것 한 발로 중순양함을 침몰시킬 수 있으며 그 위력은 실전에서 확인되었다. 전쟁 말기에는 전함을 상정한 화약량 800킬로그램도 개발되었다. 1톤이라는 것은 그런 양이며 폭탄으로 지상에 투하되면 직경 수십 미터의 분화구가 만들어질 정도의 위력이다.

그 1톤 폭탄의 위력을 책상 위의 1센티미터 원주라고 생각해 보자. 히로시마에 떨어진 원폭의 위력은 원주 높이로 보면 어느 정도가 될까.

히로시마 원폭의 폭발력에 대해서는 여러 가지로 추측되고 있지만, TNT화약으로 환산하면 약 13～15킬로톤이었다고 알려져 있다. 원주 높이로 130～150미터에 해당한다. 150미터라는 높이를 하늘을 보며 상상해 보길 바란다. 그리고 책상 위의 1센티미터와 비교해 보길 바란다. 핵무기라는 것이 얼마나 상상을 초월하는 것인가를 알 수 있을 것이다.

핵무기는 히로시마 이후 다양한 발전을 이루어 왔다. '메가톤급'이라는 말이 있는데 1메가톤의 핵무기는 원주 높이로 하면 어느 정도가 될까. 계산에 의하면 지상 10킬로미터, 점보기가 비행하는 아성층권에 달한다. 지금까지 실험된 최대급의 핵무기는 40메가톤을 넘는다고 한다. 이 경우 원주의 높이는 지상 400킬로미터, 위성 궤도에 달한다. 최근의 미사일에는 '효율화'를 위하여 좀 작은 위력의 핵탄두가 탑재되어 있다. 도시 하나를 공격하는 데 메가톤급까지 필요 없다. 이렇게 보면 핵무기라는 것의 가공할 파괴력은 명확하다. 지금 세계는 이렇게 '가공할 만한 것'을 제대로 인식하지 못하고 있다.

제2차 세계대전 종반부터 인류는 말도 안 되는 무기를 손에 넣고 말았다. 인류의 지혜는 이에 걸맞게 진보한 것일까. 답은 단연코 'NO'이다. 인간의 지혜가 그렇게 가공할 만한 것에 걸맞을 만큼 급속히 진보할 리가 없다. 그렇다면 현재의 세계는 지혜가 부족한 인류가 그 지혜의 정도와는 걸맞지 않을 정도의 초강력한 파괴수단을 수중에 넣고 있는 상황이다. 예를 들어 현재 미국 지도자의 수중에 있는 핵무기의 양을 생각해 보자. 제2차 세계대전 중의 지도자가 수중에 가지고 있던 파괴력의 총량과는 차원이 다른 것이다. 그 사이에 지혜의 진보는 그만큼 이루어지지 않았을 것이다. 가령, 정말로 가령이지만, 현재 미국 지도자의 지혜가 미국이 보유하고 있는 파괴력에 걸맞은 수준이라고 상정한다. 그리고 야생 원숭이가 가지고 있는 지혜를 미국 지도자의 가령 수만 분의 1이라고 생각한다면, 원숭이는 적어도 히로시마형 원폭을 보유할 정도의 지혜 수준임에 틀림없다.

이렇게 생각해 보면, '깡패국가'가 핵무기를 보유하는 것은 위험하다는 논리의 잘못은 명확하다. 어떠한 인류도 핵무기를 가질 만큼의 지혜를 갖고 있지 못하다는 것이다. '깡패국가'의 핵무기 보유에 대해서 공격을 가한다는 것은 깡패가 아닌 국가의 핵무기 보유는 정당화한다. 그렇게 되어서는 안 된다는 것이 일본이 취해야 할 입장이다. 일본은 핵무기는 인류가 어찌할 도리가 없는 것이라는 것을 전 세계에 호소하고 '절대 악'인 핵무기 폐기를 추구하는 사명을 지니고 있다. 그럼에도 불구하고 국제사법재판소가 '국제법상, 핵무기는 위법 아닌가.'라고 각국의 의견을 물었을 때, 일본 외무성은 '국제법 위반이라고 볼 수 없다.'는 진술서를 작성했다. 오늘날 일본의 소형 핵무기 보유가능성을 아무렇지도 않게 이야기하는 각료도 있다. 어느 쪽이든 핵무기 앞에서는 인류가 원숭이의 지혜 수준밖에 안 된다는 것을 인식하지 못하기 때문이다.

'논리 체크'라는 방법은 극히 보통 수준의 지적 습관이다. 일상생활에서 무엇인가 정보를 입수했을 때 그 정보에 대해서 자기 나름의 다양한 연상이 떠오른다거나 직감적으로 불신하게 된다거나 하는 일이 종종 있다. 여기에서 가지고 있는 정보를 조합하여 이런 것일까 저런 것일까 자기의 해석을 구축하는 프로세스는 누구나 일상 속에서 경험하고 있다. 바로 그곳에서 정보의 자기처리, 내면화의 과정이 시작되는 것이며 그 과정이야말로 미디어를 통하여 대량으로 공급되는 정보에 대해서 개개인이 주체성을 확보하기 위한 중요한 계기가 된다. 미디어가 고도로 발달한 사회에서 미디어에 의한 조작이 종종 문제가 된다. 그러나 사람들이 이러한 정보처리 방법을 실천하는 한, 미디어에 의한 조작 위험을 최소화할 수 있을 것이다. 그리고 크로스 미디어 체크나 논리 체크를 일상적 행동으로 실천하는 한 패로팅(Parroting)의 함정에서 벗어나 미디어 논조에 그대로 동조하고 마는 위험성을 피할 수 있을 것이다.

6) 마치며

미디어와 사람들과의 의견관계에 대해 서술하였다. 현실에서 미디어가 여론 동향에 깊이 관여하고 있다는 것은 명백한 사실이다. 미디어는 여론 형성을 위한 기능을 하는 것이며 사람들의 의견 형성에 영향력을 미치는 것은 당연하다. 문제는 미디어가 공급하는 정보를 사람들이 음미하지 않고 그대로 수용해 버리는 패로팅 현상이 보이기 시작했다는 것이다. 대량의 정보가 공급되는 가운데 사람들은 정보처리를 간략화하거나 절감화하게 되었는지도 모른다. 그런 가운데 미디어 정보를 그대로 받아들이는 형태의 미디어 의존이 침투하고 있는 것은 아닐까.

그래서 사람들이 그렇게 간략화된 형태로 의견 형성을 하게 되면 현실주의적 논조가 수용되기 쉽게 된다. '그런 건 이상론…….' '현실은 ……이니까 …….'라는 논법은 실제로는 숙고가 결여된 것임에도 불구하고 마치 문제를 광범위하고 다각적으로 검토한 결과인 것처럼 들린다. 미디어가 제시하는 현실주의가 광범위하게 수용되기 쉬운 소지가 거기에 있다. 개개인의 의견 형성에 있어서 미디어에 그대로 휩쓸리는 일이 없도록 주체성 확립이 필요한 오늘, 재확인하지 않으면 안 된다. 크로스 미디어 체크, 논리 체크라는 방법은 미디어로부터 공급받은 정보에 대해서 자기처리를 실행하고 그 위에서 내면화하는 과정을 확보하기 위한 수단이다. 이 과정이 미디어에 대한 주체성 의견 형성에 있어서의 주체성을 확보하는 길이다.

국가주의에 이어지는 동향이 현저해지고 있다. 개인보다도 국가가 우선시되는 사고는 논리적으로는 여러 가지 도덕의 조합 위에 구축되어 있으며 비교적 받아들이기 쉽게 제시되고 있다. 공중도덕이나 봉사정신 등의 그늘에 감추어져 있는 국가주의적 사고가 교육 현장에도 침투하고 있다. 이러한 동향은 사람들 사이에 퍼져 가는 '의견'을 유력한 논거로 하여 힘을 얻는다. 그 의견 형성에 관해서는 단지 여론조사에서 나타나는 결과만을 볼 것이 아니라, 다양한 각도에서의 검토와 검증이 필요하다.

'집단태도를 언어로 표현한 것'이 고전적인 여론의 정의다. 그러나 역사는 여론이 종종 극단적인 방향으로 사회를 동원하는 계기가 되었다는 것을 알려 주고 있다. 오늘날 여론 형성과정을 음미하는 것과 함께 조사결과로 나타난 여론에 대해서도 음미할 필요가 여기에 있다.

오늘날 사람들 의견은 어떻게 형성되고 있는 것일까. 문제는 모두 개인에게 돌아간다.

후기

평소에 미디어와 우리들 관계에 대해서 생각할 것은 많다. 간단히 히트곡이 탄생하거나 간단히 히트 영화가 탄생하는 상황에 고개를 갸우뚱하게 만드는 일도 있었다. 카리스마 미용사의 등장에는 고개를 갸우뚱하는 것만으로는 도달할 수 없을 정도로 '당황했다'는 것이 솔직한 심정이다.

고급이라고 일컬어지는 명품이라는 것은 그 정의부터가 고급일 수가 없다는 험담을 해 왔다. 최고의 사치는 몸에 걸치는 것이든 소지하는 것이든 주문품이다. 자기 취향에 맞추어 자기 개성에 맞는 것을 주문하여 만드는 것이 최고의 사치이며 실제로 부자들은 그렇게 하고 있다. 현재 명품이라고 불리는 것의 대부분은 대량생산이며 고가일지는 몰라도 결코 제일급의 고급품일 수는 없다고 생각한다.

이런 생각을 바탕으로 오늘날의 상황을 보고 있으면 우리의 생각이나 가치관 속에 미디어의 영향이 깊이 파고들어 와 있음을 실감한다. 그리고 지금까지 필자의 인생 속에서 지금의 미디어 침투가 가장 강력하게 느껴진다. 더욱이 그 침투영역이 정치, 경제, 사회의 중요한 영역에 이르고 있으며 그 강도가 최근 수년 동안 더욱 강해지고 있다고도 느껴진다.

이 책의 분석을 통해 미디어 현실을 바라보는 한 가지 생각에 도달하게 된다. 그것은 저널리즘이 지니는 일종의 취약성에 관한 것이다. 간단히 말하면, 저널리즘이라고 하는 것은 다양한 요인이 우연히 모여서 극히 운 좋은 상황에서만 성립할 수 있는 것일지도 모르겠다는 것이다. 그런 의미에서 20세기 후반은 저널리즘에 있어서 극히 운 좋은 몇 가지 상황이 거듭되는 시대라는 생각이 든다. 이것은 일본뿐 아니라 세계적 상황에도 적용된다.

20세기 후반의 세계는 세계대전을 경험한 후, 민주주의라는 가치를 강력하게 의식하고 있다. 사회의 통치방법으로서 민주주의가 절대적인 것은 아니지만, 다양한 방법 중에서 보다 바람직한 것으로 받아들여지고 있다. 이러한 가치관의 확산이 한편에 있고, 다른 한편에서 미디어는 시스템으로서 강력한 힘을 가지게 되었으며 수익면에서도 풍요로워졌다. 활동을 위한 충분한 여력이 있으며 사람들도 주목하고 있다. 그런 상황 속에서 현장의 저널리스트가 저널리즘성을 생생하게 추구할 수 있었다고 생각한다. 다양한 활동의 자취를 더듬어 보면 저널리즘 활동의 훌륭한 사례는 수없이 찾을 수 있다.

그러나 20세기 종반에 들어서면서 미디어에 상업주의가 침투하기 시작했다. 활자미디어도 방송미디어도 오락화 경향을 강화하였고, 각계각층에서 미디어를 비판하는 목소리가 쏟아지고 있는 것도 사실이다. 그리고 저널리즘성이 쇠퇴되고 있다고 지적되고 있다. 정치시스템이 거대화되고 권력이 집중되면서 미디어가 권력으로부터 거리를 두고 의연하게 독립성을 유지하는 것도 곤란해져 가고 있다.

오늘날의 일본 상황은 더 이상 미디어, 저널리즘에 있어서 바람직하고 운 좋은 상황은 아닐 것이다. 그러나 민주주의라는 가치를 추구하는 한, 건전한 저널리즘은 불가결한 요건이다. 다양한 압력 하에 있기 때문에, 저널리즘을 유지하기 위해 더더욱 무엇이 필요한가라는 질문이 우리들 앞에 놓여 있는 과제일 것이다. 이 책의 집필을 마치며 그런 생각이 더욱 깊어진다.

▌저자 **이시카와 사카에(石川 旺)**

일본 上智大學(조치대학) 신문학과 교수
일본에 유명했던 소설가 이시카와 다츠죠우(石川 達三)의 장남
NHK방송문화연구소 22년 근무, 미국의 미시건 대학에서 학위 취득
현, 일본 조치대학 교수, 대학원 전공주임 교수, 일본방송계의 거두임.

▌역자

· 이연

선문대 언론광고학부 교수, 현 사회과학대학장
日本 上智大(조치대학) 신문학박사, NHK 자문교수(릿포로)
현, 행정안전부, 소방방재청 자문교수 등 역임

· 김경환

상지대 언론광고학부 교수
日本 上智大(조치대학) 신문학박사, MBC전문연구위원 역임
현, 한국 언론학회 기획이사

· 정수영

성균관대 미디어컨텐츠연구소 연구원
日本 上智大(조치대학) 신문학박사

여론조작
위기의 시대

초판인쇄 | 2009년 8월 12일
초판발행 | 2009년 8월 12일

지은이 | 이시카와 사카에
옮긴이 | 이연, 김경환, 정수영
펴낸이 | 채종준
펴낸곳 | 한국학술정보㈜
주 소 | 경기도 파주시 교하읍 문발리 파주출판문화정보산업단지 513-5
전 화 | 031) 908-3181(대표)
팩 스 | 031) 908-3189
홈페이지 | http://www.kstudy.com
E-mail | 출판사업부 publish@kstudy.com

등 록 | 제일산-115호(2000. 6. 19)
가 격 | 8,000원

ISBN   978-89-268-0073-7 03070 (Paper Book)
       978-89-268-0074-4 08070 (e-Book)

이담
books 는 한국학술정보(주)의 지식실용서 브랜드입니다.